全国教育科学"十三五"规划教育部重点项目（

初中生的学业获得：
教师、个体与家庭的交互影响

陈继文 ◎ 著

吉林大学出版社
·长 春·

图书在版编目（CIP）数据

初中生的学业获得：教师、个体与家庭的交互影响 / 陈继文著. -- 长春：吉林大学出版社，2022.11
ISBN 978-7-5768-1134-6

Ⅰ. ①初… Ⅱ. ①陈… Ⅲ. ①初中生—中学教育 Ⅳ. ① G635.5

中国版本图书馆 CIP 数据核字（2022）第 226584 号

书　　名：	初中生的学业获得：教师、个体与家庭的交互影响 CHUZHONGSHENG DE XUEYE HUODE：JIAOSHI、GETI YU JIATING DE JIAOHU YINGXIANG
作　　者：	陈继文
策划编辑：	卢　婵
责任编辑：	卢　婵
责任校对：	单海霞
装帧设计：	三仓学术
出版发行：	吉林大学出版社
社　　址：	长春市人民大街 4059 号
邮政编码：	130021
发行电话：	0431-89580028/29/21
网　　址：	http://www.jlup.com.cn
电子邮箱：	jdcbs@jlu.edu.cn
印　　刷：	武汉鑫佳捷印务有限公司
开　　本：	787mm×1092mm　　1/16
印　　张：	15.25
字　　数：	230 千字
版　　次：	2022 年 11 月　第 1 版
印　　次：	2023 年 3 月　第 1 次
书　　号：	ISBN 978-7-5768-1134-6
定　　价：	82.00 元

版权所有　翻印必究

前　言

　　公平教育是个体获得社会地位、实现向上流动的最重要条件之一。公平教育的思想由来已久。从孔子倡导的"有教无类"，到李克强总理在十二届全国人大二次会议上所作的《政府工作报告》，再到《关于进一步减轻义务教育阶段学生作业负担和校外培训负担的意见》，即"双减"政策的出台，莫不体现出公平教育的重要性，以及政府落实教育公平的决心。同时，我们不难发现教育获得似乎呈现出马太效应，教育分流表现出叠加效应。这显然与教育公平的初衷背道而驰。那么，我们是否可以找到心理层面的解释，作为政策与制度层面的助力，促进教育公平的进一步落实？这便是本书系列研究的初衷。

　　作为教育分流的实质起点，初中的分流有别于小学分流主要依据教育政策和规定，而是主要依据学生的学业成绩。此外，高中阶段之后的分流不仅建立在初中的基础之上，且越来越依赖之。目前，重点中学依旧是进入精英大学的重要途径。总而言之，初中阶段的教育分流意义重大。故此，本书的系列研究将青少年学业获得的影响放在社会环境心理学的框架之下，结合积极心理学与教育心理学的视角，致力于回答"家庭情境与教师因素如何交互影响初中生的个体因素"以及"如何利用这种交互影响提升初中生的学业获得"问题。

本书的研究包括两个系列，总共9个子研究。前5个实证研究重点考察教师因素的影响作用及影响过程。

首先，第四章用两种不同方法考察教师自主支持对不同家庭环境变量的学生自主动机的影响。其中，第一节的研究通过情境启动的方法，对来自武汉和襄阳两个地区的119名中学生进行实验；第二节的研究则通过问卷调查的方法，发放344份问卷，从中筛查出192名良好环境被试和一般环境被试。两个研究结果一致表明：对于一般环境的学生来说，与教师提供控制的情境相比，在教师自主支持的情境下，学生自主动机得分有显著提高；而对于良好环境的学生来说，无论在自主支持还是受控的情境下，自主动机不存在显著差异。

然后，第五章用两种不同方法考察教师自主支持与学习投入的关系，以及学生自主动机在其中的中介作用和家庭环境变量的调节作用。第一节的研究通过情境启动的方法，对271名中学生进行实验；第二节的研究则通过问卷调查的方法，从1 211名初中生中筛查出491名典型良好环境被试和一般环境被试。这两个研究一致得出：对于一般环境者来说，教师自主支持显著正向影响其自主动机，进而正向影响了学习投入程度；对于良好环境者来说，教师自主支持对自主动机的影响不显著，进而对学习投入的影响也不显著。证实在教师自主支持影响学生学习投入的过程中，家庭环境变量起调节作用，学生自主动机起中介作用。

最后，第六章的研究在之前研究的基础上，进一步考察教师自主支持对学习成绩的影响。通过问卷调查的方法，对1 502名被试进行调查研究得出结论：对于一般环境者来说，教师自主支持显著正向影响其自主动机和学习投入程度，进而影响其成绩；对于良好环境者来说，教师自主支持对自主动机和学习投入的影响不显著，进而对学习成绩的影响也不显著。证实教师自主支持通过自主动机和学习投入程度影响学生的学习成绩，家庭环境变量在其中起调节作用。

这一系列的5个研究之间层层推进，得出了一些较有价值的结论：处于不同环境的个体具有不同的认知与行为倾向，与良好环境者相比，一般环境者更易受到环境影响。因此，在学校教育中，教师可以更有针对性地提供自主支持的教学环境，促进一般环境学生自主动机的内化，提高其学习成绩。探明教师自主支持对不同家庭环境变量学生的学业影响，侧重的是教师因素。那么，一个问题随之产生：个体因素和家庭因素在其中的作用如何？第七章的4个子研究致力于回应这个问题。

第七章第一节的研究通过大样本问卷调查的方法，对1 558名被试进行调查研究，得出结论：家庭环境变量能显著正向预测初中生的学业成绩；学业归因和学习投入在家庭环境变量与学业成绩间起链式中介作用。第二节的研究对1 602名初中生进行问卷调查，发现初中生的学业归因与自我效能感在家庭环境变量与学业成绩之间起链式中介作用。第三节的研究关注了家庭的主观因素——父母教育期望，通过对1 679名被试的大范围调查，得出结论：内部动机在家庭环境变量与学业成绩的关系之间起部分中介作用；父母教育期望调节家庭环境变量—内部动机—学业成绩中介过程的前半段路径，即家庭环境变量对内部动机的影响会因个体感知到的父母教育期望水平的不同而发生变化。第四节的研究对1 684名中学生进行调查，提出未来时间洞察力在家庭环境变量与中学生学习之间起部分中介作用。未来时间洞察力的中介作用受到公正世界信念的调节。对于公正信念高的个体而言，家庭环境变量对学业获得的预测作用更强。这一系列的4个研究各有侧重，合在一起揭示了家庭环境因素与个体自身因素的结合，为我们理解学业获得的心理机制描绘出一幅完整画面。

有着社会环境心理学背景的研究者，往往更关注社会公平、公正等问题，为社会群体性现象提供心理视角的解读。而有着教育学背景的研究者，鲜少关注家庭环境变量在学业获得中的影响。本书通过严谨、科学的方法和程序，以积极心理的视角（比如，学习投入而不是学业倦怠）考察青少年的学业获得，融合社会环境心理学与教育学的研究发现，打通学科的边界壁垒，为理解个体与环境的交互作用提供新角度。本书提出教师、个体与家庭影响青少年学业获得的心理机制模型，其研究结论将为教育教学实践提供策略与方法上的指导，将有助于一般社会环境变量的初中生提升学业成绩，最终促进教育公平的实施。

陈继文

2022年8月

目 录

绪 论 ·· 1

第一章 初中生的学业获得：教师的影响 ························· 6

　第一节 自我决定理论的主要观点 ································· 6
　第二节 教师的自主支持 ··· 7
　第三节 教师自主支持对学业的促进作用 ····················· 10

第二章 初中生的学业获得：个体的影响 ························· 13

　第一节 自主动机 ··· 13
　第二节 学习投入 ··· 21

第三章 初中生的学业获得：家庭的影响 ························· 30

　第一节 家庭的社会环境变量 ······································· 30
　第二节 社会环境变量与教育获得 ································· 40
　第三节 尚需探讨的问题 ··· 45

第四章　教师因素对不同家庭学生自主动机的影响············ 48

第一节　教师自主支持启动对不同社会环境变量
学生自主动机的影响 ·· 49

第二节　教师自主支持与自主动机：家庭环境变量的
调节作用 ··· 58

第五章　教师因素对不同家庭学生学习投入的影响············ 65

第一节　教师自主支持启动对不同家庭环境
学生学习投入的影响 ·· 67

第二节　教师自主支持对不同家庭环境
学生学习投入的影响 ·· 88

第六章　教师因素与学生个体因素对不同家庭
学生学习成绩的影响·· 103

第一节　研究目的与假设 ·· 104
第二节　研究方法 ·· 105
第三节　研究结果 ·· 109
第四节　分析与讨论 ··· 113
第五节　小　结 ··· 114

第七章　关于家庭和学生影响因素的后续系列研究············ 115

第一节　家庭因素与学业获得：学生的学业归因与学习投入的
链式中介作用 ··· 116

第二节　家庭因素与学业获得：学生的学业归因与自我效能感的
链式中介作用 ··· 129

第三节　家庭因素与学业获得：学生学习动机的中介
　　　　　　与父母教育期望的调节作用 …………………… 138
　　　第四节　家庭因素与学业获得：学生未来时间洞察力的中介
　　　　　　与公正世界信念的调节作用 …………………… 149

第八章　本书研究的总结与反思 …………………… 165
　　　第一节　本书研究总的讨论 ……………………………… 165
　　　第二节　本书研究结论与展望 …………………………… 175

参考文献 ……………………………………………………… 182

附　录 ………………………………………………………… 207
　　　附录1　社会环境的主观感受的操纵工具 ……………… 207
　　　附录2　社会环境变量的主观测量量表 ………………… 210
　　　附录3　社会环境变量的客观测量问卷 ………………… 211
　　　附录4　学习氛围问卷 …………………………………… 214
　　　附录5　自我调节问卷 …………………………………… 215
　　　附录6　英文版课堂投入调查表 ………………………… 217
　　　附录7　中文修订版课堂投入调查表 …………………… 220
　　　附录8　教师自主支持情境启动材料 …………………… 222
　　　附录9　多维-多向归因量表 …………………………… 224
　　　附录10　自我效能感量表 ………………………………… 226
　　　附录11　学习动机量表 …………………………………… 228
　　　附录12　父母期望量表 …………………………………… 229
　　　附录13　未来时间洞察力量表 …………………………… 230
　　　附录14　公正世界信念量表 ……………………………… 232

绪 论

  一项调查发现，在1978—2005年的近30年间，中国重点大学中来自农村的学子比例从1978—1998年的三成下降至如今的一成左右[①]。农村学生主要集中在普通地方院校与专科院校。"以湖北省为例，2002—2007年5年间，考取专科的农村生源比例从39%提高到62%，以军事、师范等方向为主的提前批次录取的比例亦从33%升至57%。而在重点高校，中产家庭、官员、公务员子女则是城乡无业、失业人员子女的17倍"[②]。另一项针对高中学生的调查数据显示，良好环境家庭的孩子约62%在重点中学就读，而一般环境家庭的恰好相反，约60%在非重点学校学习。城市重点高中约有1/4的学生通过择校进入，而初中阶段缴纳择校费的比例甚至超过高中[③]。近年一项研究以文化资本为介入，选取四所"985"高校的近2 000名学生进行追踪调查，同时抽取了117名学生进行深度访谈。结果表明在四所"985"院校中，农村籍学生占比偏低，仅为27.6%。此外，城

  [①] 刘云杉，王志明，杨晓芳. 精英的选拔：身份、地域与资本的视角——跨入北京大学的农家子弟（1978-2005）[J]. 清华大学教育研究，2009，30（5）：42-59.

  [②] 潘晓凌. 穷孩子没有春天？——寒门子弟为何离一线高校越来越远. 南方周末[EB/OL]. [2011-08-05]. http://www.infzm.com/contents/61888.

  [③] 杨东平. 高中阶段的社会分层和教育机会获得[J]. 清华大学教育研究，2005，3：52-59.

市籍与农村籍大学生在学业成就上的差异虽并不显著，但是在社会活动的参与度上具有显著性差异。城市籍的大学生更多，也更愿意参与其中[①]，折射出阶层亚文化适应性的问题。

这种现象在美国也非常普遍，斯坦福大学的 Sean F. Reardon 教授研究发现，近30年来，美国教育成就的贫富差距扩大了40%[②]。家庭背景可以通过直接的、人为的方式，比如家长借助社会关系或权力为子女择校，使良好环境的子女在未来学业竞争中处于优势地位，从而影响子女初中以后的教育分流；也可以通过间接的方式，比如影响学生的学业成绩，来影响教育分流的结果。总而言之，父母的社会地位越高，子女所就读的小学和初中的学校级别越高，初中毕业后升学越好。人们一贯认为"穷人的孩子早当家"，但事实上，穷孩子的学习成绩并不比富孩子更好。富孩子除了考试分数比穷孩子高以外，学习习惯更好，上的大学也更好，辍学率更低。看起来有钱人家里的孩子大都已经提前迈出了"起跑线"，而寒门子弟却越来越难上名校！

追溯几千年来的教育史，不难发现追求教育公平是人类社会的古老理念，也是现代教育的基本方针。孔子倡导"有教无类"就是这种思想的精髓。2014年，国务院总理李克强在十二届全国人大二次会议上作《政府工作报告》时说，"促进教育事业优先发展、公平发展。继续加大教育资源向中西部和农村倾斜，促进义务教育均衡发展。全面改善贫困地区义务教育薄弱学校办学条件。贫困地区农村学生上重点高校人数要再增长10%以上，使更多农家子弟有升学机会。加强农村特别是边远贫困地区教师队伍建设，扩大优质教育资源覆盖面，改善贫困地区农村儿童营养状况"[③]。

---

① 谢爱磊，洪岩璧，匡欢，等．"寒门贵子"：文化资本匮乏与精英场域适应——基于"985"高校农村籍大学生的追踪研究[J]．北京大学教育评论，2018，16（4）：45-64，185．

② Reardon S F. No rich child left behind [J]. New York Times, 2013: SR1.

③ 2014年政府工作报告．中华人民共和国中央人民政府网[EB/OL]．[2014-03-05]．http://www.gov.cn/guowuyuan/2014zfgzbg.htm.

2021年，中共中央办公厅、国务院办公厅印发《关于进一步减轻义务教育阶段学生作业负担和校外培训负担的意见》，更是强调了这一理念。教育公平以确保人人都有受教育的机会为前提，以提供相对平等的受教育机会和条件为保障，以期达到教育成功机会和教育效果相对均等的结果。

那么，我们不禁发问，寒门学子是怎样逐渐失去了上名校的机会呢？社会环境心理学的研究发现，客观的物质资源和主观的社会地位导致了良好环境者和一般环境者在认知、情感和行为上存在巨大的差异。社会环境一般的人需要面临沉重的生活压力和不时的安全威胁，长此以往导致其对生活的控制感下降[1]。由于缺乏个人控制感，一般环境者比良好环境者更加关注周围的背景信息，因而更强调外在的情境因素对行为的影响[2]。为了维持控制感，良好环境者对行为或事情倾向于作出个人内部归因，而一般环境者更倾向于外部情境归因[3]。换言之，相对于唯我主义的良好环境者来说，情境主义的一般环境者更容易受到环境的影响。那么，不同环境者（家庭因素）的这些差异将会对个体的学习带来怎样的影响？来自不同家庭环境的孩子对教师自主支持（教师因素）的依赖、对学习的动机，以及学习的投入程度（个体因素）是一样的吗？本书将重点考察教师、个体与家庭因素的互动影响，以期从心理学的层面提出促进教育公平的对策。

本书共包括八个方面的内容：首先是对已有文献的总结和梳理，分别整理了影响学业获得的教师、个体和家庭因素，提出本书的研究问题。接下来采用实证研究的方式，通过两个系列的9个研究探讨构建了影响学业

---

[1] Christie A M, Barling J. Disentangling the indirect links between SES and health: the dynamic roles of work stressors and personal control [J]. Journal of Applied Psychology, 2009, 94: 1466-1478.

[2] Kraus M W, Piff P K, Keltner D. Social class, sense of control, and social explanation [J]. J Pers Soc Psychol, 2009, 97 (6): 992-1004.

[3] Grossmann I, Varnum M E W. Social class, culture, and cognition [J]. Social Psychological and Personality Science, 2011, 2: 81-89.

获得的心理机制模型,最后对整个研究进行总结和展望。整体研究流程及内容框架如表 0-1 所示。

表 0-1 本书的主要内容和框架

部分	章节	主要内容	研究方法
第一部分 理论研究	绪论	阐述研究背景及本书内容	查阅文献,对前人相关研究进行总结和梳理,在此基础上提出本研究的基本问题
	第一章 初中生的学业获得:教师的影响	界定本书核心教师变量的概念,以及综述其相关研究	
	第二章 初中生的学业获得:个体的影响	界定本书核心个体变量的概念,以及综述其相关研究	
	第三章 初中生的学业获得:家庭的影响	界定本书核心家庭变量的概念,综述其相关研究,以及本书研究问题的提出	
第二部分 实证研究	第四章 教师因素对不同家庭学生自主动机的影响	(一)教师自主支持启动对不同社会环境变量学生自主动机的影响	采用情境实验,初步考察教师自主支持对不同家庭学生自主动机的影响
		(二)教师自主支持与自主动机:家庭环境变量的调节作用	采用大样本调查,进一步探查变量间的关系,并提升生态学效度
	第五章 教师因素对不同家庭学生学习投入的影响	(一)教师自主支持启动对不同家庭环境学生学习投入的影响	采用情境实验,初步考察教师自主支持对不同家庭学生学习投入的影响
		(二)教师自主支持对不同家庭环境学生学习投入的影响	采用大样本调查,进一步探查变量间的关系,并提升生态学效度
	第六章 教师因素与学生个体因素对不同家庭学生学习成绩的影响	教师自主支持与学生自主动机对不同社会环境变量的学生学习成绩的影响	采用大样本调查,在之前研究的基础之上,最终考察教师、学生和家庭因素对初中生学业成绩的影响
	第七章 关于家庭和学生影响因素的后续系列研究	(一)学生的学业归因与学习投入的链式中介作用	采用大样本调查,从学生内因(学习归因、学习投入)的角度考察家庭客观因素(家庭环境变量)对学生学业的影响
		(二)学生的学业归因与自我效能感的链式中介作用	采用大样本调查,从学生内因(学习归因、自我效能感)的角度考察家庭客观因素(家庭环境变量)对学生学业的影响

续表

部分	章节	主要内容	研究方法
第二部分 实证研究	第七章 关于家庭和学生影响因素的后续系列研究	（三）学生学习动机的中介与父母教育期望的调节作用	采用大样本调查，综合考察学生内因、家庭主观因素（父母教育期望）与家庭客观因素对学生学业的影响
		（四）学生未来时间洞察力的中介与公正世界信念的调节作用	采用大样本调查，从未来时间洞察力和公正世界信念的角度考察家庭环境变量对学生学业的影响
第三部分 总结和展望	第八章 本书研究的总结和反思	对交互影响初中生的学业获得：教师、个体与家庭因素的反思与展望	依据研究结果，对研究进行讨论与总结

第一章 初中生的学业获得：教师的影响

第一节 自我决定理论的主要观点

自我决定理论（self-determination theory，SDT）认为，当个体能够决定自己的行为，做自己喜欢的事情时，就会体验到自由和满足感，也会付出更多的努力，取得更好的成绩。人类在本质上是积极的，对事物具有好奇心，愿意探索和学习，并且渴望成功，这是一种内部动机。被内部动机激发的行为就是自我决定的行为[①]。人类对自己行为的自我决定程度取决于外界环境的支持。当外界环境满足个体的基本心理需求时，个体将外部的规则和价值进行内化，产生内部的自主动机，行为倾向于自我决定；反之，外界环境不满足基本心理需求时，个体的动机是外部控制的，行为也是受控的。

自我决定理论用四个亚理论来阐释上述过程。第一个是认知评价理论（cognitive evaluation theory），分析了社会环境因素对个体内部动机的作

---

① Deci E L, Ryan R M. The "what" and "why" of goal pursuits: human needs and the self-determination of behavior [J]. Psychological Inquiry, 2000, 11（4）：227-268.

用。发现自主性的满足对于提高动机具有重要意义。比如，如果给员工提供自主性很强的环境，会激发员工较高的内部动机；如果教师和家长给学生提供自主学习的机会，学生的内部动机将会提高。第二个是有机整合理论（organismic integration theory），对自主动机和受控动机进行了区分。自主与受控动机的调节风格体现在从内部调节、整合调节、认同调节到内摄调节和外部调节的连续体上。第三个是因果定向理论（causality orientation theory），提出个体具有对有利于自我决定的环境进行定向的发展倾向，并且根据自我决定程度的不同，将因果定向分为自主定向、控制定向和非个人定向三种水平。自主定向的人对事物具有好奇心，愿意主动探索和学习。控制定向的人更关注诸如地位和名誉等外在的条件和事物。非个人定向的人没有明确的目的，日子得过且过。第四个是基本心理需要理论（basic psychological needs theory），人类身上存在三种最基本的需求，分别是自主需要（the needs for autonomy）、能力需要（the needs for competence）和归属需要（the needs for relatedness）。而且这些需求不管在什么情境、不管在什么人种当中都是存在的。基本心理需求的满足可以促进动机内化，使个体产生内部动机。

第二节　教师的自主支持

教师自主支持是自我决定论强调的一种重要社会环境，指的是教师能够站在学生的角度考虑问题，减少对学生的强迫行为，承认学生的情感，给学生提供解释和自己选择的机会[1]。通过对现场实验的观察，研究者认为教师自主支持应该体现在动机来源（支持学生兴趣、要学生自己选择而不是强调时间限制、要求服从、教师分配任务）、控制性言语的使用（灵

---

[1] Deci E L, Ryan R M. The "what" and "why" of goal pursuits: human needs and the self-determination of behavior [J]. Psychological Inquiry, 2000, 11 (4): 227-268.

活的、提供信息式的言语而不是"应该""必须""不得不")、提供价值或重要性("这很重要，因为……"而不是忽视价值、重要性、意义的表达)，以及对消极情感的反应上（接受学生的消极情感、仔细倾听、允许学生抱怨而不是认为消极情感必须改变)[1]。

  后来研究者修订了观察指标，认为教师自主支持体现在识别学生内在动机来源（花时间倾听学生、问学生的需求）、支持学生的内在因果关系，将动机与当下课堂活动联系起来（给时间允许学生以自己的方式学习、听学生讲、座位安排）、提供信息性的语言（提供合理理由、表扬作为信息反馈，鼓励，给提示），以及对学生体验的敏感性（对学生的问题有反应、与学生交流，比如使用类似"我知道这个有点难"这类表达）上。他们提出了11种具体的教师支持行为，分别是倾听、征求学生的意见、留出时间让学生用自己的方式解决问题、给学生讨论的时间、向学生提供行为的理由、响应学生提出的问题、对困难问题给予提示、给予鼓励、和学生沟通时能够换位思考、对学生的表现积极反馈、提供不同的座位安排；以及10种控制的行为，分别是教师"一言堂"、发出指导性的指令或命令、教师占用大量时间或垄断学习材料、规定时限、说话的语气是"应该""必须"、提问带有控制性、直接展示问题的解决办法或答案、有条件地表扬、指责学生、直接说出解决办法或答案[2]。

  教师的自主支持会受到个体文化背景因素的影响与制约。一项研究采用问卷调查和访谈的方法，探讨了中美两国对中学教师自主支持的认知差异及其影响因素。结果发现中美两国对教师自主支持的满意度不同，对自主支持的认知也存在差异[3]。Hsiao同时考察了教师被试和学生被试，首先

---

[1] Reeve J, Jang H, Carrell D, et al. Enhancing students' engagement by increasing teachers' autonomy support [J]. Motivation and Emotion, 2004, 28 (2): 147-169.

[2] Reeve J. Self-determination theory applied to educational settings [J]. Handbook of self-determination research, 2002: 183-203.

[3] Laurin K, Fitzsimons G M, Kay A C. Social disadvantage and the self-regulatory function of justice beliefs [J]. Journal of Personality and Social Psychology, 2010, 100 (1): 149-172.

发现学生理解的自主支持与教师眼中的自主支持行为是有显著差异的。其次，不同文化背景的学生对教师自主支持的理解也存在分歧。虽然美国被试和中国台湾被试都表现得很积极，但前者的动机是内部的，后者则是外部的[1]。

　　Iyengar 和 Lepper 的研究进一步证实了个体的文化背景对其自主动机和任务表现具有影响；他们选取了美国五年级学生中的亚裔和欧裔学生，将他们随机分为三组，完成一个活动[2]。研究者操纵的自变量是活动的安排方式。在实验中，第一组学生处于自主支持的情境，他们可以自己选择想参与什么样的活动；第二组学生处于受控的情境，只能由主试安排参与的活动；第三组学生也属于受控的情境，但与第二组不同的是，他们参与的活动是自己的母亲安排的。结果发现，在第二种条件下亚裔和欧裔被试的动机和活动表现都是最差的；亚裔被试在第三种条件下具有最高的动机和最好的表现；而欧裔被试在第一种条件下动机水平最高，表现也最好。说明文化背景不同，个体对自主支持情境的理解也不一样。东方文化背景的个体更认同父母帮助自己做出的选择。另一项以中国小学生为被试的实验研究也发现，被试与任务决定者的关系是影响被试自主性的重要因素之一。具体来说，东方人在由他们所认可的人制定规则时具有更好的自主性。鉴于东西方的抚养方式不同，研究者认为东方人的这种表现在于，子女将父母的要求和价值观进行了内化，当实验中母亲为自己做出选择的时候，子女并没有觉得这是一种控制行为，因此自主性并未被削弱[3]。

---

[1] Hsiao D' Ailly. Children's autonomy and perceived control in learning: a model of motivation and achievement in Taiwan [J]. Journal of Educational Psychology, 2003, 95（1）: 84–96.

[2] Iyengar S S, Lepper M R. Rethinking the value of choice: a cultural perspective on intrinsic motivation [J]. Journal of Personality and Social Psychology, 1999, 76（3）: 349–366.

[3] Deci E L, Ryan R M. The "what" and "why" of goal pursuits: human needs and the self-determination of behavior [J]. Psychological Inquiry, 2000, 11（4）: 227–268.

第三节 教师自主支持对学业的促进作用

相对于控制的环境来说，当学生感知到教师的自主支持时，会表现出更多学习兴趣，对学校生活感受到更多愉悦感，在学习上会表现出高努力和高坚持性，因而更加投入[1][2][3]。同时，现场研究还发现，与控制型的教师相比，自主支持的教师因为满足了学生的基本心理需求，因此使学生保持着对学习的好奇心，愿意接受有难度的学习任务，学生的自主动机水平较高。此外，即使对于非常无趣的任务，提供关于任务的解释和理由也能激发被试的自主动机，提高其投入水平[4]。可见，教师自主支持可以促进学生动机的内化，对学生的学习起着积极的促进作用。对教师自主支持作用的检验，可以通过考察学生的动机是否内化、是否产生自主动机，以及所产生自主动机的程度如何来实现。

教师提供不同程度的自主支持可以直接影响学生的学习过程与学习效果。研究者发现，与教师倾向于控制型的班级相比，对于教师提供较高程度自主支持的班级，学生感受到来自外界的更多支持，因此对学习更有兴趣，自主动机水平更高。他们愿意自己完成基本的学习任务，还愿意挑战

---

[1] Skinner E A, Belmont M J. Motivation in the classroom: reciprocaleffect of teacher behavior and student engagement across the school year [J]. Journalof Educational Psychology, 1993, 85: 571-581.

[2] Reeve J, Jang H, Carrell D, et al. Enhancing students' engagement by increasing teachers' autonomy support [J]. Motivation and Emotion, 2004, 28（2）: 147-169.

[3] Hyungshim J, Reeve J, Deci E L. Engaging students in learning activities: it is not autonomy support or structure but autonomy support and structure [J]. Journal of Educational Psychology, 2010, 102（3）: 588-600.

[4] Jang H. Supporting students' motivation, engagement, and learning during an uninteresting activity [J]. Journal of Educational Psychology, 2008, 100（4）: 798-811.

有难度的学习任务[1]。大量研究发现,当学生感受到教师的自主支持程度较高时,他们的学习兴趣和动机以及自我效能感都更强[2][3]。Deci 也发现,当教师提供较高水平的自主支持时,学生认同学习的意义,能够对学习保持兴趣,产生自主动机,从而更好地掌握教学要求的知识与技能。因此,教师的自主支持环境对学生的学习无疑起到了促进的作用[4]。

自主支持程度不同的教师,在教学过程中的差异主要表现在:第一,教学策略不同;第二,教学目标不一样;第三,教学进度的安排有快有慢。比如,自主支持程度较高的教师,通常因人施教,以学生为中心安排教学目标和策略。他们在教学中关注学生的感受,注重随时收集学生的需求,并及时调整教学进度以适应学生们的需求。通常他们不太愿意使用教材,表现得与传统的课堂教学不太一样。Lederman 和 Gess-Newsome 的研究发现进一步证实了上述观点。他们对生物教师进行了研究,结果表明自主支持的教师较少使用教材,经常修改教学进度;与之相反,偏向于控制型的教师更依赖于教材,在教学中离不开教材,对学生的需求较少关注,按照既定的教学进度开展教学活动[5]。Chirkov 和 Ryan 开展了一项跨文化

---

[1] Deci E L, Ryan R M. The support of autonomy and the control of behavior [J]. Journal of Personality and Social Psychology, 1987, 53(6): 1027-1037.

[2] Ryan R M, Grolnick W S. Origins and paws in the classroom: self-report and projective assessments of individual differences in children's perceptions [J]. Journal of Personality and Social Psychology, 1986, 50: 550-558.

[3] Midgley C, Feldlaufer H, Eccles J S. Student teacher relations and attitudes toward mathematics before and after the transition to junior high school [J]. Child Development, 1989, 60: 981-992.

[4] Deci E L, Vansteenkiste M. Self-determination theory and basic need satisfaction: Understanding human development in positive psychology [J]. Ricerche di Psicologia, 2004, 27: 17-34.

[5] Lederman N G, Gess-Newsome J. Metamorphosis adaptation or evolution? Preservice science teacher's concerns and perceptions of teaching and planning [J]. Science Education, 1991(4): 443-456.

的研究，考察在美国和俄罗斯的教师与家长眼中，自主支持究竟起着什么作用[①]。结果发现，教师的自主支持环境对学生的学业获得至关重要。教师的自主支持能够促进高中生学习动机的内化，提高其自我调节水平，进而提高学生的自我满足感。并且，这一结果没有文化差异，换言之，美国与俄罗斯的教师与家长都认同教师自主支持的这一促进作用。此外，与小学阶段相比，在初中阶段，学生感知到教师的自主支持对学习投入的影响作用更大[②]。

---

① Chirkov V I, Ryan R M. Parent and teacher autonomy-support in Russian and U. S. adolescents: common effects on well-being and academic motivation [J]. Journal of Cross Cultural Psychology, 2001, 32: 618-635.

② Midgley C, Feldlaufer H, Eccles J S. Student teacher relations and attitudes toward mathematics before and after the transition to junior high school [J]. Child Development, 1989, 60: 981-992.

第二章 初中生的学业获得：个体的影响

第一节 自主动机

自我决定理论认为，在某个特定的情境中个体动机的质，而不是动机的量才是更关键的[1]。比如，对于这样一个问题"你为什么要进行体育锻炼？"理由可以有很多种：因为别人期望我这么做；如果我不这么做，我会感到羞愧的；因为这是我自己的价值观念；因为我喜欢锻炼……。我们可以说出一大堆为什么这么做的理由，而且这些理由彼此之间还可以实现转化：一开始可能因为"别人期望我这么做"，后来慢慢地变成"我喜欢这么做"。自主动机从动机的"质"的角度，研究人们在各项活动中的动机类型，以及不同动机之间可能发生的转化过程。传统的动机理论研究的是动机的"量"，把行为的动机视为一个单一的、完整的、只是在量上存在差异的概念。因此，与传统的动机相比，自主动机对结果变量的预测力

---

[1] Deci E L, Ryan R M. Facilitating optimal motivation and psychological well-being across life's domains [J]. Canadian Psychology, 2008, 49: 24–34.

更强[1][2]。自主动机已经成为一种重要的学习心理，大量研究证实自主支持的环境能够促进个体基本心理需求的满足，表现出自主动机[3][4][5][6]。

一、自主动机与受控动机

自主动机（autonomous motivation）指的是个体出于自己的意愿和自由选择（如兴趣、个人信念等）而发生某行为的动机；与之对应的是受控动机（controlled motivation），指的是个体出于内部（内疚）或外部（他人的要求）压力而发生某行为的动机[7][8]。自主与受控动机并非一成不变的，而是可以相互转化的。它们处于一个连续体的两端，在从内部调节、整合调节到认同调节，再从内摄调节到外部调节的连续体上，分别对应着自主

---

[1] Baumeister R F, Vohs K D. Self-regulation, ego depletion, and motivation [J]. Social and Personality Psychology Compass, 2007, 1: 1-14.

[2] Deci E L, Ryan R M. The "what" and "why" of goal pursuits: human needs and the self-determination of behavior [J]. Psychological Inquiry, 2000, 11 (4): 227-268.

[3] Soenens B, Vansteenkiste M. Antecedents and outcomes of self-determination in 3 life domains: the role of parents' and teachers' autonomy support [J]. Journal of Youth and Adolescence, 2005, 34: 589-604.

[4] Pelletier L G, Fortier M S, Vallerand R J, et al. Associations among perceived autonomy support, forms of self-regulation, and persistence: a prospective study [J]. Motivation and Emotion, 2001 (25): 279-306.

[5] Gagné M, Ryan R M, Bargmann K. Autonomy support and need satisfaction in themotivation and well-being of gymnasts [J]. Journal of Applied Sport Psychology, 2003, 15: 372-390.

[6] Joussnmet M, Koestner R, Lekes N, et al. Introducing uninteresting tasks tochildren: a comparison of the effects of rewards and autonomy support [J]. Journal of Personality, 2004, 72: 139-166.

[7] Deci E L, Ryan R M. The "what" and "why" of goal pursuits: human needs and the self-determination of behavior [J]. Psychological Inquiry, 2000, 11 (4): 227-268.

[8] Ratelle C F, Guay F, Robert J, et al. Autonomous, controlled types of academic motivation: a person-oriented analysis [J]. Journal of Educational Psychology, 2007, 99 (4): 734-746.

动机与受控动机。其中，内部调节（intrinsic regulation）是自主程度最高的动机，意指一个人做一件事纯粹是因为喜欢，并且在参与该活动的时候很愉快，这种愉快与外在的奖励无关。整合调节（integrated regulation）是一种自主程度较高的动机，顾名思义，它指的是个体把外在的准则进行内化，使之变成自己的目标，形成自己的价值观和信念。认同调节（identified regulation）的内化程度没有整合调节那么深，但它还是偏向于自主动机的一端，它指的是个体认识到并认可了一些价值，将这些价值接收到自我的内部。内摄调节（introjected regulation）偏向受控动机的一端，内摄调节的个体参与某项活动是为了避免内疚或自责感。外部调节（external regulation）是典型的受控动机，与内部调节相对应，处在调节连续体的另一个极端。当个体的行为受到外部调节时，个体参与活动、完成任务仅仅是为了避免惩罚或者是为了获得奖励。在这些调节的基础上，研究者还提出了无动机（amotivation）的概念，无动机是指个体的活动没有受到任何动机驱使，因此活动通常难以为继、半途而废。个体出现无动机的原因，可能是对活动不感兴趣，或者是无法认同活动的价值，抑或是觉得任务难度太大，感觉自己没有办法完成[1]。

受到内摄调节与外部调节的一类动机都被称为受控动机；与之对应，受到内部调节、整合调节和认同调节的一类动机被称为自主动机。根据自我决定理论的观点，他人如果能够提供自主支持的环境，那么个体的受控动机有可能向自主动机转化；此外，假如个体的初始动机是自主的，那么自主动机的水平可以得到提升。研究者通过实验研究证实了以上结论[2]。在实验中，操纵自变量是自主支持的情境，分为两个水平（控制的和自主支持的活动情境），因变量是被试的动机，也分为两个水平（受控动机和自主动机）。

---

[1] Ryan R M, Deci E L. Self-determination theory and the facilitation of intrinsic motivation, Social Development, and Well-Being [J]. American Psychologist, 2000, 55（1）: 68-78.

[2] Deci E L, Ryan R M. The "what" and "why" of goal pursuits: human needs and the self-determination of behavior [J]. Psychological Inquiry, 2000, 11（4）: 227-268.

在控制的活动情境中，研究者设定任务的期限，不提供或提供很少的自主支持，此外，被试获得报酬的多少视被试完成任务的情况而定。与之相反，在自主支持的活动情境中，研究者不设定任务的期限，尽量提供自主支持，被试获得报酬的多少与被试完成的任务之间没有关联。这样做是为了让被试在控制的情境中感到更多的压力和受控性，降低其对任务的兴趣。结果发现被试在自主支持的条件下产生更多的自主动机，而在控制的条件下产生更多的受制动机。研究者根据教师提供自主支持条件的多少，来区分实验中的受控情境与自主支持情境。

动机的作用是引导、激发和维持个体的行为。因此，不管是自主动机还是受控动机都概莫能外。但是，两种动机还是存在差异的：自主动机与受控动机需要个体付出的意志努力的程度存在差异，同时，由于在意志努力的过程中获得的心理感受不同，因此两种动机对行为的效果也不相同。比如，当行为是受控动机时，个体从事某项活动是源于受到某种内部或者外部的压力，个体无法认同任务的价值和意义，在任务活动中需要付出额外的意志努力来督促自己完成任务，因此在任务活动中会体验到压力感和冲突感，完成任务的质量更差；当行为是自主动机时，个体认同活动的意义，此时的行为与个体的价值观并无冲突，个体不会在活动中产生压力和冲突感，反而能够体验到自主感，在这种情况下，个体不需要付出太多的意志努力，因此完成活动的质量更高。

二、自主动机与受控动机的效果

大量研究结果表明，自主动机与受控动机会导致个体产生不同的心理感受和行为效果。一般认为，自主动机可以促进个体的行为，受控动机则会妨碍个体的行为。

（一）自主动机与受控动机对学习的影响

自主动机对个体行为的积极促进作用在教育领域得到了验证。一项研究发现，教师在课堂教学中提供自主支持的环境，学生们对学习的兴趣高涨，自主动机更高，作为结果，学生的学业成绩也有了显著提高。而且，当学生的初始自主动机水平偏低时，教师的自主支持对学生自主动机和学习成绩的促进作用表现得更为显著①。现场研究也表明，教师提供自主支持能够使学生保持对学习的好奇心，促进其学习动机的内化，当学习活动需要创造性和概括能力时，学生的学习效果更好。当学生处于控制的教育环境下，结果与之相反，学习效果很差②。跨文化研究也验证了自主动机的积极作用。研究者考察了美国和俄罗斯两个国家的学生，结果发现，对两国的学生来说，自主动机的积极促进作用都很显著：自主动机高的学生，学习成绩更好；控制动机高的学生，学习成绩更差③。

实验室研究也得到一致的结论。Joussemet 等人以3、4年级的小学生为被试，考察了外部奖励和自主支持对被试内在动机的影响。研究的自变量1为奖励类型（有奖励和无奖励两个水平），自变量2为情境（自主情境和控制情境两个水平），采用2×2的实验设计。学生在随机接受一种处理后，完成一种注意力缺陷的测试。因变量是被试的内在动机，其测量指标包括行为持久性、情感体验和对任务价值的评价。结果发现，自主支持对学生参加活动的内在动机更具促进作用，但外在奖励更能使学生在活

---

① Black A E, Deci E L. The effects of instructors' autonomy support and students' autonomous motivation on learning organic chemistry: A self-determination theory perspective [J]. Science Education, 2000, 84: 740–756.

② Grolnick W S, Ryan R M. Parent styles associated with children's self-regulation and competence in school [J]. Journal of Educational Psychology, 1989, 81: 143–154.

③ Chirkov V I, Ryan R M. Parent and teacher autonomy-support in Russian and U. S. Adolescents: Common effects on well-being and academic motivation [J]. Journal of Cross Cultural Psychology, 2001, 32: 618–635.

动中感到愉悦，自主与奖励之间的交互作用不显著[1]。

自我决定理论指出，个体生而具有三种基本的心理需要：自主需要、能力需要及归属需要。自主需要是指个体需要成为自己行动的主人，由自己选择所从事的活动。能力需要是指个体在从事选择的活动中，需要体验到胜任的感觉，认为自己能够出色地完成该活动。归属需要则是指个体在活动中，需要感受到被理解、被尊重和被关爱，这是一种归属感。个体在成长过程中，会尽力使自己的这些需求得到满足。所以，对于能满足这些需求的环境，个体有一种先天偏好，更趋向这些环境。自我决定理论还指出，个体希望自己的行为是自我决定的，行为是受内部动机支配的。因此，当行为受到外部动机支配时，个体希望动机能转化为内部的。当受控动机向自主动机转化时，动机的内化过程就产生了。动机内化的程度主要取决于个体基本心理需要得到的满足程度，并且内化并不总是一定发生。自我决定理论认为三种基本心理需要的满足都可以激发内部动机，促进外部动机内化。但是在三种心理需要中，自主需要才是最重要的。只有当自主需要得到满足时，个体的动机才会内化。

Deci等人设计了一个实验来考察自主支持环境在动机内化过程中的作用[2]。根据自我决定论的观点，研究者提出自主支持的情境应该包括进行关于行为意义的指导、重视个体的感受、体现选择性。然后，将三种条件混合，产生两个水平：水平1包含两到三个自主支持的条件；水平2包含一个自主支持的条件或没有自主支持的条件。将被试随机分为两组，分别接受两种水平的实验处理。结果发现，提供两到三个自主支持条件组（水平1）的被试比只提供一个或根本不提供自主支持条件组（水平2）的被

---

[1] Joussnmet M, Koestner R, Lekes N, et al. Introducing uninteresting tasks tochildren: A comparison of the effects of rewards and autonomy support [J]. Journal of Personality, 2004, 72: 139-166.

[2] Deci E L, Eghrari H, Patrick B C, et al. Facilitating internalization: The self-determination theory perspective [J]. Journal of Personality, 1994, 62: 119-142.

试的自主动机程度更高。国内的研究中，有研究者以中学生为被试进行了验证研究[①]。将自变量分为两个水平，实验组提供自主支持（实验者为被试解释活动的意义、给予理解及提供选择机会），控制组不提供自主支持（实验者不向被试解释活动意义、不对被试的消极感受予以理解、增加控制），然后让被试完成一种枯燥的任务。结果发现，实验组和控制组的被试在内在动机上虽然没有显著差异，但作者认为这是组内差异过大因而遮掩了组间差异所导致的。实际上，实验组被试确实比控制组被试表现出更多的内在动机。

自我决定理论指出，如果个体的价值观与外部的价值观一致，个体的情感体验得到满足，那么个体会认同该价值观，表现出与该价值观相符的行为；如果个体的价值观与外部的价值观不一致，个体就会体验到冲突感，放弃表现出该行为。了解了这一点，我们再来看看为什么自主支持的情境能够提高个体的自主动机，促进动机的内化？首先，自主支持的条件包括对行为意义的指导，这可以使被试了解所从事活动的意义和价值。理解了为什么从事该行为，个体就会更加主动地完成活动，对活动的价值也更认同。其次，自主支持对被试可能出现的消极情绪体验采取的是承认的态度，让被试感受到自己的情感体验是正常的、合理的。如果否认个体的消极情感，会使个体产生冲突感，削弱个体自由选择的感觉。最后，采用更多协商的表达方式，避免使用控制的表达，能使被试感到自己有自由选择的权利，促进其自主动机的产生。

（二）自主动机与受控动机在其他领域的作用

自主动机对个体行为的积极促进作用在其他领域也得到了验证。研究者以酗酒者为被试，考察自主动机与戒酒疗效之间的关系。发现被试的疗效受到其治疗动机的影响。那些具有更多自主动机的被试，在治疗过程中

[①] 钱慧. 中学生自我决定动机的初步研究［D］. 上海：华东师范大学，2007：25-36.

能够按照规定的时间日程完成咨询,积极应对在戒断过程中出现的困难,因此与具有受控的治疗动机的被试相比,他们的疗效更好[1]。在吸烟成瘾的被试身上也发现了一致的结果。在一项现场实验研究中,随机将被试分配到自主动机治疗小组(实验组)和社区照顾治疗小组(控制组),经过一段时间的治疗,实验组的被试在戒烟的效果上比控制组的被试更好,此外,实验组被试的戒烟效果也保持了更长时间[2]。

以运动员为被试,Pelletier等人考察了自主动机在体育活动中的作用。研究者把体育运动的时间和参与运动的态度作为因变量的指标[3]。结果发现,被试出于自主动机参加体育活动时,对该活动坚持的时间更长;相反,被试出于控制的动机(无动机或者由外部动机支配)参加活动时,很难长期坚持活动,更容易半途而废。研究者对动机的调节类型更进一步地区分后发现,内摄调节是一种重要的调节类型,内摄调节的被试在短期内能够坚持参与体育运动,长时间后,这种关系不明显。Hagger和Chatzisarantis研究发现,学生参加体育锻炼时,自主动机也起显著的促进作用。受内部动机支配的学生,对体育活动的态度更积极[4]。

研究表明,自主动机还能够增加员工对工作的满意度和幸福感,进而

---

[1] Ryan R M, Plant R W, O'Malley S. Initial motivations for alcohol treatment: relations with patient characteristics, treatment involvement and dropout [J]. Addictive Behaviors, 1995, 20: 279-297.

[2] Williams G C, Mcgregor H A, Sharp D, et al. Testing a self-determination theory intervention for motivating tobacco cessation: Supporting autonomy and competence in aclinical trial [J]. Health Psychology, 2006, 25: 91-101.

[3] Pelletier L G, Fortier M S, Vallerand R J, et al. Associations among perceived autonomy support, forms of self-regulation, and persistence: A prospective study [J]. Motivation and Emotion, 2001(25): 279-306.

[4] Hagger M S, Chatzisarantis N L D. Intrinsic motivation and self-determination in exercise and sport [J]. Champaign, IL: Human Kinetics, 2007(2): 113-123.

增加其对工作的投入程度,提高员工的工作绩效[1]。同时考察自主动机与作业难度间的关系时,研究发现:对于复杂的、需要综合能力的工作而言,自主动机的促进效果更加显著;而对于简单的、机械的、枯燥的工作而言,控制动机在短时间里表现出很好的绩效[2]。有研究者以私企员工为被试,考察管理者的自主支持与员工自主动机的关系。结果发现,管理者作为重要他人的一种,当他们提供自主支持的环境时,其作用与教师的类似,也能够满足个体的基本心理需要,因此员工也会像学生一样表现出更多的自主动机[3]。总而言之,自主动机比受控动机更具有优势,自主动机对个体行为起积极的促进作用,受控动机对个体行为起消极的阻碍作用。

第二节　学习投入

投入(engagement)是教育领域中最频繁被提及的术语之一。最初,Tyler发现学生投入的时间越多(努力的量),学习效果越好,二者正相关。然而,该结论存在明显问题:有的学生花了很多时间,但是效果并不理想。随后Pasearella提出"努力的质",强调学生在学习活动中不同方面的投入[4]。现在,研究者更关心投入的环境特异性方面,即我们怎样才能让X类型的学生在Y类型的学习过程(环境)中,最有效地投入(认知、情感、行为),以使其获得知识、技能或是Z气质?也就是说,我们应该关心具

---

[1] Baard P P, Deci E L, Ryan R M. The relation of intrinsic need satisfaction to performance and well-being in two work settings [J]. Journal of Applied Social Psychology, 2004, 34: 2045-2068.

[2] Amabile T M. Motivation and creativity: Effects of motivational orientation on creative writers [J]. Journal of Personality and Social Psychology, 1985, 48: 393-399.

[3] Ryan R M, Deci E L. Self-regulation and the problem of human autonomy: Does psychology need choice, self-determination and will? [J]. Journal of Personality, 2006, 74: 1557-1586.

[4] Pasearella E T, Terenzizi P T. How college affects students: a third decade of research [M]. San Francisco: Jossey-Bass, 2005.

体的学习目标、学习环境、学生的类型及投入的过程①。

一、学习投入的界定与测量

（一）学习投入的界定

根据《韦氏词典》（第11版）的界定，承诺（commit）是投入最常用的意义；《美国传统词典》（第4版）将其界定为"积极地承诺"（actively commit）；《新牛津美语词典》则释义其为"吸引或卷入"（attract or involve）。因此，学习投入不仅包括听课和完成作业等行为表现，还包括学生在学习活动中体验到的兴奋感、对学习负有承诺，以及为掌握的知识感到骄傲等。虽然，研究者一度对投入的结构存有争议②③④，但现在普遍的观点认为学习投入包含认知、情感和行为三个方面⑤⑥。从词义看，投入的内涵包括承诺和卷入，而这两者在程度上是不同的，反映出投入的每种成分有着质的差异。比如，行为投入的范围可以是"仅仅只是做这项工作"到"参加学生会"；情感投入从"简单地喜欢"至"认同学校的价值"程

---

① Axelson R D, Flick A. Defining student engagement [J]. Change: The Magazine of Higher Learning, 2011, 1: 38–43.

② Skinner E A, Belmont M J. Motivation in the classroom: reciprocaleffect of teacher behavior and student engagement across the school year [J]. Journalof Educational Psychology, 1993, 85: 571–581.

③ Miserandino M. Children who do well in school: individual differences in perceived competence and autonomy in above-average children [J]. Journal of Educational Psychology, 1996, 88: 203–214.

④ Marks H M. Student engagement in instructional activity: patterns in the elementary, middle, and high school years [J]. American Educational Research Journal, 2000, 37: 153–184.

⑤ Connell J P. Context, self, and action: a motivational analysis of self-systemprocesses across the life-span [J]. The self in transition: Infancyto childhood, 1990: 61–97.

⑥ Lawson M A, Lawson H A. New conceptual frameworks for student engagement research, policy, and practice [J]. Review of Educational Research, 2013, 83 (3): 432–479.

度不等；认知投入可以是"简单地背诵"到使用"深层策略"。也就是说，投入可以在强度和持续时间上存在差异。投入可能是短暂的、环境特异的，也可能是长期的、环境稳定的。事实上，Connell 认为情感投入是一个连续变量：孤僻、遵守道德规范、反叛、顺从、革新、投入，从这些分类上，我们不难看出其体现出的情感投入程度的差异[1]。

有研究者认为，行为投入包含三个层面。首先是积极行为，比如听从指令、服从课堂规范、没有逃课、没有闹事等行为。其次是学习活动的卷入，比如努力、坚持、注意、提问、参与课堂讨论。最后是参加与学校有关的活动，如参加体育运动或学生会。有研究者通过研究学生的课堂参与，发现课堂行为确实有着不同的类别，包括合作性参与、遵守课堂准则、自主参与，以及自我定向的学习行为[2]。

情感投入指的是学生对学校、对课堂、对教师的情感反应，包括感兴趣、厌烦、幸福、沮丧、焦虑等[3]。对情感投入的测量最初借鉴了态度的研究：通过喜欢/不喜欢学校、教师、学习，在学校感到开心/沮丧，对学习感到厌倦/感兴趣这类问题测量被试对学校的情感。这使得情感投入的结构包含了兴趣和价值，与动机有部分重叠。导致有研究认为动机和投入是可以互换的同义词[4]。然而，"投入"研究中对兴趣和价值的界定远没有"动机"领域的精细。比如，动机研究区分了两种兴趣——环境兴趣和个人兴趣。前者是短暂的，会被活动的特定方面（如新异性）唤醒；而后

---

[1] Connell J P. Context, self, and action: a motivational analysis of self-systemprocesses across the life-span [J]. The self in transition: Infancyto childhood, 1990: 61–97.

[2] Buhs E S, Ladd G W. Peer rejection as an antecedent of young children's school adjustment: an examination of mediating process [J]. Developmental Psychology, 2001, 37: 550–560.

[3] Connell J P, Wellborn J G. Competence, autonomy, and relatedness: amotivational analysis of self-system processes [J]. Minnesota Symposium on Child Psychology, 1991: 23.

[4] National Research Council, Institute of Medicine. Engaging schools: fostering high school students' motivation to learn [M]. Washington, DC: National Academy Press, 2004: 13–16.

者则相对稳定。然而，情感投入的测量并不能区分情感的来源。比如，一个学生感到开心，可能是对学校满意，也可能是对课堂活动感兴趣。此外，动机描述的是个体力量的方向、强度和质量，解答"为什么是这个特定行为"的问题。从这个角度而言，动机与内在心理过程，包括自主性、归属感和能力有关。投入描述的是行动的力量，它是个体和行为的中介变量。举个例子来说明两者的区别，对于坚持读书这项活动而言，动机首先涉及感知到有阅读的能力；其次，感知到阅读的价值；最后，感知到在阅读方面有超越其他人的能力。而投入则涉及读了多少单词，理解了多少文本等。也就是说，个体有动机，但未必是积极投入的。动机只是投入的必要条件，而非充分条件。简言之，动机强调对未来活动的驱动，而投入是对当下行为的表现和感受。

认知投入强调的是自我控制和有策略的学习。认知投入涉及两个方面：第一，学习的心理投资，包括偏爱挑战、比规定要求做得更多、面对失败时积极应对等[1]；第二，强调策略学习，这与动机研究中的"内在动机""学习目标"很相似。具有认知投入的学生，被描述成使用策略、自我调节的学生：他们会使用元认知策略，在学习活动中计划、监控并评价自己的认知；他们会使用复述、总结、精加工、组织等方法理解学习材料；他们会控制自己的努力，坚持投入，避免分心。总而言之，使用深层策略的学生更具认知投入，更多使用精神力量，能在知识点之间找到更多联系，对知识理解得更清楚。

（二）学习投入的测量

早期，研究者利用观察法测量行为投入。观察指标包括学生的注意程度、是否完成布置的作业、对学习是否表现出热情等。

但是，观察法的潜在缺陷在于，对学生努力、参与和思考的质量能提

---

[1] Newmann F, Wehlage G G, Lamborn S D. The significance and sources of student engagement [J]. Student engagement and achievement in American secondary schools, 1992: 11-39.

供的信息非常有限。而且，通过观察不难发现，有的学生虽然没有表现出行为上的投入，但他们坚持并完成了学习任务；而有的学生虽然遵守了教室准则，却并不能完成学业的要求。因此，行为投入应结合行为、坚持和完成三个方面来考查。此外，评价方式可以是自我报告或教师评价，抑或兼而有之。罗切斯特学校评估包（the Rochester school assessment package，RSAP）是常用的测量工具。学生需要就"我努力学习功课""当我上课时，我通常想着其他事情"等对自己的行为作出评价。Rudolph 等人要求教师报告学生的无助行为，以此作为行为投入的指标[1]。Finn 等人的研究结合了两种评价方式：一方面，教师通过回答"学生积极参与课堂讨论""学生是退缩的，难以沟通的"这类问题来评价学生参与的水平；另一方面，学生回答"我通过提问来获得更多信息"等问题实现自评[2]。

自陈式问卷调查是情感投入的主要测量工具。这类问题往往围绕着对学校、学校的活动及学校里的人的不同情感展开。上文提及的 RSAP 里也有关于情感投入的问题，从积极和消极两方面评价学生是否感到开心、感兴趣、沮丧或者厌倦，如"这所学校的师生关系融洽""数学对我的前途很有帮助""我发现自己很难对需要花很长时间完成的事坚持下去""我对学校感到满意因为我学到了很多"[3]。然而，这些问题并没有区分情感的来源。比如，学生对学校感到开心，可能因为学校的氛围，也可能因为课堂学习的过程。此外，情感的强度也可能因课程或活动的类型不同而不同。

认知投入的测量常常使用自陈式问卷，问题涉及灵活解决问题、偏好

---

[1] Rudolph K D, Lambert S F, Clark A G, et al. Negotiating the transition to middle school: the role of self-regulatory processes [J]. Child Development, 2001, 72: 929-946.

[2] Finn J D, Pannozzo G M, Voelkl K E. Disruptive and inattentive withdrawn behavior and achievement among fourth graders [J]. Elementary School Journal, 1995, 95: 421-454.

[3] Wellborn J G, Connell J P. Manual for the Rochester assessment package for schools [M]. Rochester, NY: University of Rochester, 1987: 118.

更难的学习任务、独立的学习风格及应对挫败的手段。比如,"灵活解决问题""偏好更难的学习任务""独立的学习风格""理解所学功课""想获得好成绩"或者"想要显得很聪明"。但是这类问题与动机的研究有重合,让人很难通过问卷项目将之与动机区分开来。

关于课堂投入的测量,目前尚无一致的测量手段。Wang 等人编制的课堂投入问卷(classroom engagement inventory,CEI)是领域内较为系统、全面的测量工具。该问卷包含 21 个项目,以五点量表计分。问卷项目包含"感到开心"(情感投入)、"在课堂中,与其他同学合作,相互学习"(行为投入)、"在课堂活动中,我评价自己的观点或作业的好坏"(认知投入),以及"在课堂中,我任由自己思想开小差"(不投入)[1]。但是该问卷尚未经过本土化的检验。

二、学习投入的研究

学习投入与学生的学业成就显著正相关,而与辍学率显著负相关。投入的学生会体验到自豪与满足感,并且使用深层认知策略[2],学习成绩也更好[3][4]。可见学习投入不仅反映了学生的学习过程,还能预测学业成就,

---

[1] Wang Z, Bergin C, Bergin D A. Measuring engagement in fourth to twelfth grade classrooms: the classroom engagement inventory [J]. School Psychology Quarterly, 2014, 29(4): 517-535.

[2] Salanova M, Schaufel W B, Martinez I M, et al. How obstacles and facilitators predict academic performance: the mediating role of study burnout and engagement [J]. Anxiety, Stress and Coping, 2010, 23: 53-70.

[3] Skinner E A, Chi U. The Learning-Gardens Educational Assessment Group. Intrinsic motivation and engagement as "active ingredients" in garden-based education: examining models and measures derived from self-determination theory [J]. The Journal of Environmental Education, 2012, 43(1): 16-36.

[4] Kiuru N, Pakarinen E, Vasalampi K, et al. Task-focused behavior mediates the associations between supportive interpersonal environments and students' academic performance [J]. Psychological Science, 2014, 25(4): 1018-1024.

是衡量教育质量的重要指标之一。纵向研究表明,教师对一年级学生的学习投入水平所做的评价,与这些学生在四年级时的学习成绩之间存在显著相关,而且这种关系在各类学生群体中都具有一致性[1]。此外,学习投入与学习成绩的这种关联还会随着时间的推移逐渐加深,学生的年级越高,学习投入的预测效果越好。学习投入与学业成就之间的相关的关系体现在以下两方面。一方面,随着投入水平的增加,学生对学习活动的认同感越来越高,对学校活动的满意度也会提高,最终使学生的成绩提高。另一方面,学生学习成绩的提高会使学生对学习活动更感兴趣、更喜欢学校,导致其对学习活动的投入水平增加。相反,假如学生的成绩下降,也会导致一连串的变化,使学生的学习投入水平下降。因此,学习投入的水平能够预测学生的辍学行为。

学习投入影响学生的身心健康。研究发现,学业对学生心理健康的影响是通过学习投入起作用的[2]。具体说来,学生对学习越投入,说明他对学习的兴趣越高,更愿意参加各种学习活动。在各种活动中,学生能够有机会与教师和同学互动,形成良好的人际关系,进而产生对学校的认同感,良好地适应学校的生活,维持良好的身心状态。因此,学习投入可以缓冲学业倦怠、学习焦虑等外在压力对学生身心健康的影响,投入水平高的学生拥有更高的心理健康水平。

教师自主支持影响学习投入。Skinner 和 Belmont 发现,感知教师自主支持会影响学生的学习投入。当教师提供自主支持时,学生对学习更有兴趣,在学校也生活得更愉快,因而更可能表现出对学习的努力和坚持不

---

[1] Alexander K L, Entwisle D R, Horsey C. From first grade forwarded: early foundations of high school dropout [J]. Sociology of Education, 1997, 70(2): 87–107.

[2] John P S, Fullagar C J. Facilitators and outcomes of student engagement in a college setting [J]. The Journal of Psychology, 2009, 143(1): 5–27.

懈[1]。另外，Midgley等人的一项纵向研究表明，与小学阶段相比，初中阶段学生感知到教师的自主支持对学习投入的影响作用更大[2]。Patrick等人的研究表明：当环境满足个体的基本心理需要时，个体将会更投入；而当环境不满足个体的基本心理需求时，个体将会逃离该环境。投入可以增强心理调节，而逃离将消耗资源，弱化心理调节[3]。Ryan等人的研究发现，当教师关注学生的学业需求、培养学生的社会发展、提供有针对性的自主支持时，学生对学习更加投入[4]。Blumenfeld和Meece则发现，教师的自主支持环境注重培养学生的理解能力时，学生除了更加投入学习以外，还在认知投入上表现出优势[5]。Helme和Clarke发现，教师布置的作业也会影响学生的投入水平。当作业任务需要想象力，当作业与学生的个体经验有关联的时候，学生会表现出更多的认知投入[6]。简言之，教师的自主支持对学习投入有着积极的作用，这些积极的作用包括更大的内部动机、增加的满意感和提升的学习投入。Vansteenkiste等人在对教师、大学生和高中生被试所做的一系列研究中发现，教师提供内部目标并辅以自主支持的学习氛围时，被试将会更认真地投入学习活动中，被试的自主动机在其中起

---

[1] Skinner E A, Belmont M J. Motivation in the classroom: reciprocaleffect of teacher behavior and student engagement across the school year [J]. Journalof Educational Psychology, 1993, 85: 571-581.

[2] Midgley C, Feldlaufer H, Eccles J S. Student teacher relations and attitudes toward mathematics before and after the transition to junior high school [J]. Child Development, 1989, 60: 981-992.

[3] Patrick T T, Laura I R, Upcraft M L, et al. The transition to college: diverse students, diverse stories [J]. Research in Higher Education, 1994, 35 (1): 57-73.

[4] Ryan R M, Deci E L. Self-determination theory and the facilitation of intrinsic motivation, social development, and Well-Being [J]. American Psychologist, 2000, 55 (1): 68-78.

[5] Blumenfeld P C, Meece J L. Task factors, teacher behavior, and students' involvement and use of learning strategies in science [J]. Elementary School Journal, 1988, 88: 235-250.

[6] Helme S, Clarke D. Identifying cognitive engagement in the mathematicsclassroom [J]. Mathematics Education Research Journal, 2001, 13: 133-153.

到部分中介作用[①]。

学校影响学习投入。首先,学校的性质影响学生的学习投入。研究表明,学校越是尊重学生的权利,学生就越投入地学习。因为在这样的学校环境中,学生对学习活动的参与更有热情。其次,师生关系对学生学习投入的影响不容忽视。教师是学生在学校环境中的重要他人,所以与教师的关系直接影响着学生心理需求满足的情况。当教师提供支持的风格,学生与教师产生一种亲密的关系时,学生对学习更投入。研究者对小学生进行了长达三年的追踪研究,发现小学生学习投入对他们的阅读成绩和数学成绩的影响,是以师生关系的质量为中介的[②]。最后,学校的客观环境,比如可利用的学校设施、教师的构成及学校周边的环境,学校的规章制度及班级的大小等情境因素也影响学生的学习投入。

---

① Vansteenkiste M, Simons J, Soenens B, et al. How to become a persevering exerciser? Providing a clear, future intrinsic goal in an autonomy supportive way [J]. Journal of Sport and Exercise Psychology, 2004, 26: 232-249.

② Hughes J N, Luo W, Kwok O, et al. Teacher-student support, effortful engagement, and achievement: a 3-year longitudinal study [J]. Journal of Educational Psychology, 2008, 100: 1-14.

第三章 初中生的学业获得：家庭的影响

第一节 家庭的社会环境变量

社会环境变量是一个包含多重复杂成分的概念，它从个体在整个社会群体中的经济、政治和社会地位等角度对社会环境结构进行描述。对尚无经济、政治和社会地位的中学生而言，通常考察其父母的各项指标，来反映家庭的社会环境变量。

一、社会环境变量的界定与测量

关于社会环境变量的界定，研究者们并没有形成一致的结论。比如，Matthews等人将社会环境变量界定为对物质和社会资源的获得，或者在社会经济等级中的排序，抑或两者兼有[1]。这种界定强调的是社会环境变量的客观层面。而Kraus等人则认为社会环境变量应包含两个方面：个体的物质资源和个体在社会中所处的地位。因此，应该把社会环境变量分为主

---

① Matthews K A, Gallo L C. Psychological perspectives on pathways linking socio-economic status and physical health [J]. Annual Review of Psychology, 2011, 4: 1-30.

观和客观两类：主观社会环境是个体所感知到的变量，客观社会环境变量是个体所享受的物质生活条件[1]。实际上，研究者们的分歧在于指标的选取不同，但是对社会环境变量的核心界定比较明确：获得的资源和相对程度。

（一）社会环境变量的客观测量

对于社会环境变量的客观测量，国外研究大多采用家庭年收入和受教育程度两个指标。具体的做法是列出家庭年收入、父母受教育程度或者个体受教育程度的有关选项，让被试进行选择，然后将被试在这些指标上的等级分数分别标准化后求和，作为客观环境变量的指标[2][3][4]。当然，也有些研究只选取其中一个指标来测量社会环境变量[5][6][7][8]。

---

[1] Kraus M W, Piff P K, Keltner D. Social class, sense of control, and social explanation [J]. J Pers Soc Psychol, 2009, 97 (6): 992–1004.

[2] Adler N E, Epel E S, Castellazzo G, et al. Relationship of subjective and objective social class with psychological functioning: preliminary data in healthy White women [J]. Health Psychology, 2000, 19: 586–592.

[3] Kraus M W, Keltner D. Signs of socioeconomic status: a thin-slicing approach [J]. Psychological Science, 2009, 20: 99–106.

[4] Piff P K, Kraus M W, Côté S, et al. Having less, giving more: the influence of social class on prosocial behavior [J]. Journal of Personality and Social Psychology, 2010, 99 (5): 771–784.

[5] Lachman M E, Weaver S L. The sense of control as a moderator of social class differences in health and well-being [J]. Journal of Personality and Social Psychology, 1998, 74 (3): 763–773.

[6] Snibbe A C, Markus H R. You can't always get what you want: educational attainment, agency, and choice [J]. Journal of Personality and Social Psychology, 2005, 88: 703–720.

[7] Kraus M W, Côté S, Keltner D. Social class, contextualism, and empathic accuracy [J]. Psychological science, 2010, 21 (11): 1716–1723.

[8] Grossmann I, Varnum M E W. Social class, culture, and cognition [J]. Social Psychological and Personality Science, 2011, 2: 81–89.

相比而言，国内对社会环境变量的划分则更复杂。在过去的三十年里，中国的经济飞速发展着，社会环境变量也跟着历经了剧变。由陆学艺主持的中国社会科学院社会学研究所"当代中国社会结构变迁研究"课题组对当代中国社会环境变量的分析，是当前在我国影响最大、应用最广的一种划分标准。他们以职业分类为基础，以组织、经济和文化资源的占有状况为标准，将当代中国国民划分为十类：国家与社会管理者、经理人员、私营企业主、专业技术人员、办事人员、个体工商户、商业服务业员工、产业工人、农业劳动者、城乡无业失业半失业者[①]。

在将各项指标进行综合考察的过程中，综合指标的合成方法有很多种，包括简单加法、加权均数法、回归方程法、因子分析法等[②]。简单加法是将测量指标的各个选项从低到高排列并赋值，然后将所有指标的得分相加求和。加权均数法是在此基础上，以样本在各选项上的分布比例为权重，将选项赋值乘以权重之后再相加求和。回归方程法主要是以职业声望分数为因变量，以受教育程度、职业地位、家庭财产状况或收入为预测变量建立回归方程，求得各项预测变量的回归系数，即得到所有职业的社会环境变量指数。因子分析法将受教育程度、职业地位、家庭收入等几个变量看作社会环境变量的几个因子，利用主成分分析法得到各个因子的因子载荷作为权重。国内学者在考察社会经济地位对流动儿童歧视知觉的研究中则采用了因子分析法计算 SES（socioeconomic status）[③④]。

[①] 陆学艺. 当代中国社会阶层研究报告［M］. 北京：社会科学文献出版社，2002：12–23.

[②] 任春荣. 学生家庭社会经济地位（SES）的测量技术［J］. 教育学报，2010（5）：77–82.

[③] 方晓义，范兴华，刘杨. 应对方式在流动儿童歧视知觉与孤独情绪关系上的调节作用［J］. 心理发展与教育，2008，24（4）：93–99.

[④] 范兴华，方晓义，刘杨，等. 流动儿童歧视知觉与社会文化适应：社会支持和社会认同的作用［J］. 心理学报，2012，44（5）：647–663.

（二）社会环境变量的主观测量

研究表明，个体对社会环境的主客观感受存在不一致。故此，研究者开始转向社会环境变量的主观测量[1][2]。研究表明，在中国确实存在社会环境变量的主观建构与客观实在不一致的问题[3]。此外，社会环境变量的主观指标比客观指标具有更好的预测效度[4]。

对社会环境的主观测量，国外研究中最有代表性的测量工具是MacArthur量表（the MacArthur scale of subjective SES），被广为使用[5][6][7]。它是一个10级阶梯量表，要求被试结合自己的受教育程度、职业地位和收入，选出自己在梯图中所处的位置（如图3-1所示）。得分越高表明对社会环境的主观感受越好。得分在6分以上或3分以下的被试分别属于典

---

[1] Adler N E, Epel E S, Castellazzo G, et al. Relationship of subjective and objective social class with psychological functioning: preliminary data in healthy White women [J]. Health Psychology, 2000, 19: 586-592.

[2] Kraus M W, Piff P K, Keltner D. Social class, sense of control, and social explanation [J]. J Pers Soc Psychol, 2009, 97 (6): 992-1004.

[3] 王春光，李炜. 当代中国社会阶层的主观性建设和客观实在 [J]. 江苏社会科学，2002, 4: 95-100.

[4] Sakurai K, Kawakami N, Yamaoka K, et al. The impact of subjective and objective social status on psychological distress among men and women in Japan [J]. Social science & medicine, 2010, 70 (11): 1832-1839.

[5] Kraus M W, Piff P K, Keltner D. Social class, sense of control, and social explanation [J]. J Pers Soc Psychol, 2009, 97 (6): 992-1004.

[6] Goldman N, Cornman J, Chang M C. Measuring subjective social status: a case study of older Taiwanese [J]. Journal of Cross-Cultural Gerontology, 2006, 21: 71-89.

[7] Adler N E, Epel E S, Castellazzo G, et al. Relationship of subjective and objective social class with psychological functioning: preliminary data in healthy White women [J]. Health Psychology, 2000, 19: 586-592.

型高、低感受者[1]。

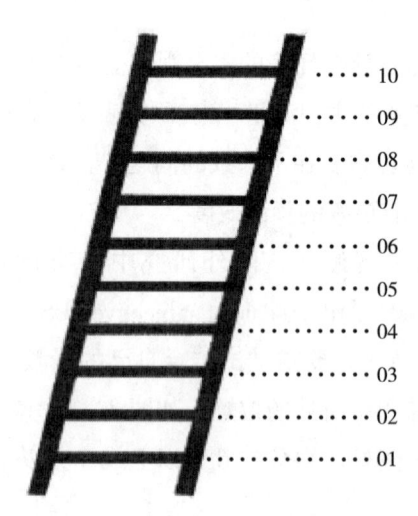

图 3-1　社会环境的主观感受量表

研究发现，主观感受和客观社会环境之间只有中等程度的相关[2]。中国社会科学院课题组的一项研究表明，收入、职业和教育与主观感受的相关系数分别是 0.12，0.09，0.08[3]。王春光和李炜的研究发现，被调查者对社会环境变量的主观感受与客观情况存在不一致[4]。此外，一些研究表明，相较于社会环境变量的客观指标，主观指标能够更好地预测对因变量

---

[1] Kraus M W, Côté S, Keltner D. Social class, contextualism, and empathic accuracy [J]. Psychological science, 2010, 21 (11): 1716–1723.

[2] Goodman E, Adler N E, Kawachi I, et al. Adolescents' perceptions of social status: development and evaluation of a new indicator [J]. Pediatrics, 2001, 108: 1–8.

[3] 中国社会科学院"当代中国人民内部矛盾研究"课题组. 城市人口的阶层认同现状及影响因素 [J]. 中国人口科学, 2004, 5: 19–25.

[4] 王春光, 李炜. 当代中国社会阶层的主观性建设和客观实在 [J]. 江苏社会科学, 2002, 4: 95–100.

的影响[1][2][3]。这意味着社会环境变量研究不能只停留在根据客观指标测量的层面，最好把主观指标结合起来。

二、社会环境变量的心理学研究

对社会环境变量的心理学研究发现，客观的物质资源和主观的感受性导致了不同环境者在认知、情感和行为上存在巨大的差异[4]。社会环境一般的个体需要面临沉重的生活压力和不时的安全威胁，时常感觉在个人影响、选择和控制等方面存在不足。与环境优良者相比，当他们面临困境（比如，失业）时，通常拥有的物质和经济关系网较有限，因而更加依赖他人提供经济和社会支持。长此以往，导致其对生活的控制感下降[5]。由于缺乏个人控制感，一般环境者比良好环境者更加关注周围的背景信息，因而更强调外在的情境因素对其行为的影响[6]。为了维持控制感，良好环境者对行为或事情倾向于个人内部归因，而一般环境者更倾向于外部情境归因[7]。这一系列富有逻辑的研究发现提示我们，社会环境变量在认知、情感和行为方面都对个体造成了影响。

---

[1] Whyte M K, Han C. Popular attitudes toward distributive injustice: Beijing and Warsaw compared [J]. Journal of Chinese Political Science, 2008, 13（1）: 29–51.

[2] 怀默霆. 中国民众如何看待当前的社会不平等 [J]. 社会学研究, 2009, 1: 96–120.

[3] 马磊, 刘欣. 中国城市居民的分配公平感研究 [J]. 社会学研究, 2010（5）: 31–49.

[4] 胡小勇. 低阶层者的目标追求：社会公平与自我调节的影响 [D]. 武汉：华中师范大学, 2014: 27–30.

[5] Christie A M, Barling J. Disentangling the indirect links between SES and health: The dynamic roles of work stressors and personal control [J]. Journal of Applied Psychology, 2009, 94: 1466–1478.

[6] Kraus M W, Piff P K, Keltner D. Social class, sense of control, and social explanation [J]. J Pers Soc Psychol, 2009, 97（6）: 992–1004.

[7] Grossmann I, Varnum M E W. Social class, culture, and cognition [J]. Social Psychological and Personality Science, 2011, 2: 81–89.

Kraus 等人认为，社会环境变量对个体的影响体现在两个方面[①]。首先，在社会环境变量的客观方面，社会环境变量的差异导致人们在受教育程度、收入及职业等方面都有不同的表现。其次，在社会化的过程中，个体对社会环境相关符号的感知和推论就形成了关于自身的社会环境的主观认知，最后导致了对其心理与行为的影响。具体作用如图 3-2 所示。

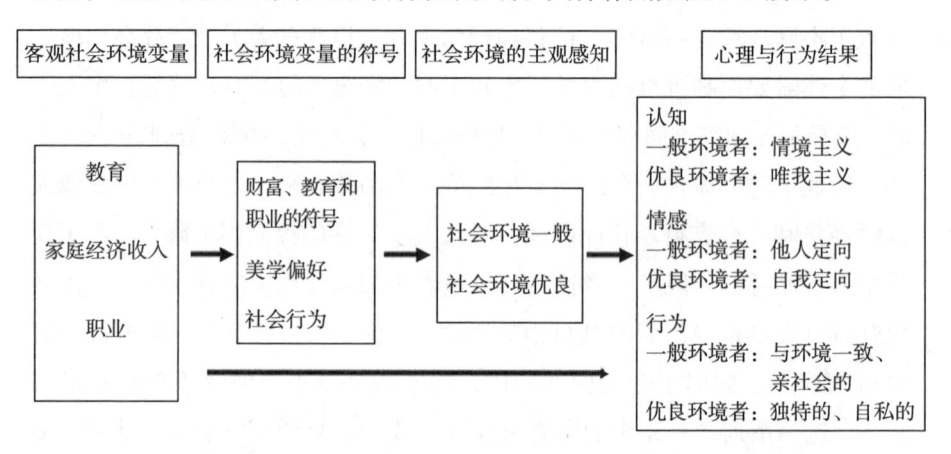

图 3-2 社会环境变量对个体的认知、情感和行为的作用模型图

社会环境变量对个体认知存在影响。Kraus 等人通过问卷调查，考察了个体对社会环境变量的看法。结果发现，环境一般的人认为社会环境变量不是由基因决定的，是可以改变的，这是社会环境变量的建构主义（social constructivist）理论；而良好环境的人则认为社会环境变量是与生俱来的，不可改变的，这是社会环境变量的本质主义理论[②]。Mahalingam 用一则故事测试了来自不同社会环境的被试对故事中的主人公将来可能的行为作出

---

① Kraus M W, Horberg E J, Goetz J L, et al. Social class rank, threat vigilance, and hostile reactivity [J]. Personality Society Psychology Bulletin, 2011, 37 (10): 1376-1388.

② Kraus M W, Côté S, Keltner D. Social class, contextualism, and empathic accuracy [J]. Psychological science, 2010, 21 (11): 1716-1723.

的推测。研究表明，一般环境者与良好环境者的预期存在显著差异[1]。一般环境者推测故事的主人公将会表现出与养父母所处的社会环境相符的行为；而良好环境者则预期主人公将会表现出与其生父母社会环境变量相符的行为。这一结果为上述一般社会环境者更倾向采用社会建构主义理论提供了佐证。此外，出于保护自尊、提高自我效能感，社会环境一般者倾向于对事件进行外部归因[2][3]。Kluegel等人的一项大范围调查结果显示，一般环境者对贫富差距倾向于外部归因，认为是政策不公平导致了自己的贫穷；而良好环境者则倾向于内部归因，认为是个人的勤奋和努力才换来自己的财富[4]。国内研究者李静也得到了一致的结论。[5]

Mani等人用实验室研究和现场研究两种方法，考察了一般环境者的物质贫乏与其认知能力的关系，发现一般环境者由于贫困，导致其认知能力下降。因为贫困会使个体的注意力消耗，导致其运用在其他事物上的精神资源被削减，使一般环境者处理其他事物的能力减弱。在研究1中，研究者与他的同事对一个购物中心的消费者进行了实验，要求被试想象自己正遭遇若干个特定的经济事件（例如花钱修车），这些经济事件根据支出被分为"简单"或"困难"两个等级（例如修车要花费150美元或1 500美元），要求被试思考面对该事件时，自己将会采取的应对方法。然后，让被试完成瑞文推理测验（检验逻辑思维和解决新问题的能力）和空间协调

---

[1] Mahalingam R. Essentialism, power, and the representation of social categories: a folk sociology perspective [J]. Human Development, 2007, 6: 300-319.

[2] Kraus M W, Piff P K, Mendoza-Denton R, et al. Social class, solipsism, and contextualism: how the rich are different from the poor [J]. Psychol Rev, 2012, 119（3）: 546-572.

[3] Grossmann I, Varnum M E W. Social class, culture, and cognition [J]. Social Psychological and Personality Science, 2011, 2: 81-89.

[4] Kluegel J R, Smith E R. Beliefs about inequality: Americans' views of what is and what ought to be [M]. New York: Aldine Publishing Co., 1986: 300-330.

[5] 李静. 不同社会阶层对贫富差距的归因倾向研究 [D]. 武汉: 华中师范大学, 2012: 87-97.

性测试（检验认知控制力）。结果发现，在简单事件条件下，不同环境者的测验得分没有显著差异；但是，在困难事件条件下，一般环境者的认知能力显著下降，而良好环境者的认知能力没有显著变化。在研究 2 中，实验者用现场研究提高了研究的生态学效度。这一次，被试是印度甘蔗种植区 54 个村落中的 464 位蔗农。实验者假设蔗农在丰收前承受着巨大的经济压力（困难任务），而丰收后经济压力即缓解（简单任务），分别对应研究 1 中的困难与简单任务。为了验证假设，实验者记录了蔗农在丰收前后的认知能力变化，发现蔗农在丰收前的认知测试结果并不好；但丰收之后，他们的认知能力得到了显著提高[1]。

社会环境变量对个体情绪存在影响。Stellar 等人采用问卷调查和实验研究两种方法，发现不管对被试进行主观报告还是生理指标的客观测量，不同社会环境的个体对同情的反应都存在显著差异，一般环境者比良好环境者更具同情心[2]。社会环境变量的情绪特征还反映在移情的准确性上，由于情境主义的认知定向，一般环境者对互动对象的移情更加准确、更具有同理心[3]。例如，Kraus 等人对大学教职工实施移情准确性测验时发现，与良好环境的员工相比，一般环境员工的移情更加准确[4]。并且，研究者还精心设计了一个模拟面试的现场实验，通过记录面试者的表情与事后评价，重复验证了上述研究结果。这个更加接近现实的情境大大提高了研究结论的外部效度。Page-Gould 等人用生物反馈仪记录被试的

---

[1] Mani A, Mullainathan S, Shafir E, et al. Poverty impedes cognitive function [J]. Science. 30, 2013, 341（6149）: 976–980.

[2] Stellar J E, Manzo V M, Kraus M W, et al. Class and compassion: socioeconomic factors predict responses to suffering [J]. Emotion, 2012, 12（3）: 449–459.

[3] Kraus M W, Horberg E J, Goetz J L, et al. Social class rank, threat vigilance, and hostile reactivity [J]. Personality Society Psychology Bulletin, 2011, 37（10）: 1376–1388.

[4] Kraus M W, Côté S, Keltner D. Social class, contextualism, and empathic accuracy [J]. Psychological science, 2010, 21（11）: 1716–1723.

反应，采用这种更加客观的生理指标作为结果变量，也得到了类似的结论：不同环境者在移情上存在差异[1]。

社会环境变量对个体行为存在影响。在行为的选择上，一般环境者更多地选择与环境相一致的行为，强调是环境而不是特质和基因影响了行为[2][3]。有研究者安排了巧妙的实验情境，假借让被试填写问卷的机会，实际考察了被试对不同颜色的签字笔的选择。结果发现，一般环境的被试会在相同颜色的笔中选一只，而良好环境者会选唯一一只有别于其他颜色的笔。研究者推论这是因为一般环境者的行为更易受到环境影响，因此选择笔的颜色时，倾向于与大多数颜色一致的笔[4]。Stephens，Fryberg和Markus用类似的研究得到了相同的结果：长期处于较低的社会环境中的个体，形成了互依的、普遍性的、情境决定的自我概念，行为更多受到环境因素的影响[5]。

社会环境变量与亲社会行为有关。Kraus等人认为，由于所占有的资源比较少，以及对自己社会经济地位的主观感知较低，一般环境者对社会关系更加敏感，对人际关系投入更多，也有更多的同理心。这意味着一般

---

[1] Page-Gould E, Koslov K, Mendes W B. Powerful and contagious: social power drives physiological synchrony during social interactions [M] // In Psychophysillogy. MALDEN: WILEY-BLACKWELL PUBLISHING, 2010 (47): S14.

[2] Snibbe A C, Markus H R. You can't always get what you want: educational attainment, agency, and choice [J]. Journal of Personality and Social Psychology, 2005, 88: 703-720.

[3] Tucker-Drob E M, Rhemtulla M, Harden K P, et al. Emergence of a gene socioeconomic status interaction on infant mental ability between 10 months and 2 years [J]. Psychological science, 2011, 22 (1): 125-133.

[4] Stephens N M, Markus H R, Townsend S S. Choice as an act of meaning: the case of social class [J]. Journal of personality and social psychology, 2007, 93 (5): 814-830.

[5] Stephens N M, Fryberg S A, Markus H R. When choice does not equal freedom a sociocultural analysis of agency in working-class american contexts [J]. Social Psychological and Personality Science, 2011, 2 (1): 33-41.

环境者可能比良好环境者有更多的亲社会行为。为了验证这个假设,他们做了一系列实验。首先,要求被试把十个点(随后可以兑换现金)分配给自己和一个匿名的搭档,第一个实验考察的是社会环境变量的主观测量,发现相较于主观感受高的被试而言,主观感受低的被试分给搭档的更多。第二个实验研究测量的是客观社会环境变量,也得到了相似的结果:对于实验者所扮演的悲伤的人,收入更低的被试更愿意提供帮助。在第三个研究中,他们启动了被试对社会环境的主观高/低感受,然后询问被试年收入的多少应该用于慈善事业。结果发现,低主观感受的被试捐赠的更多[1]。

第二节 社会环境变量与教育获得

社会环境变量与教育获得的关系一直存在着两种争议:一种强调教育的社会化功能,另一种强调教育的选择功能。导致在看待教育与社会环境变量的关系上,也存有争议:一种认为教育是社会环境变量的重整者,另一种认为教育是社会环境变量的重复者[2]。随着社会结构的变化,社会流动性在增加。在对社会流动的研究中,教育是对自致因素最好的,也是最有效的度量。

国外的研究中[3][4],学生的社会环境变量通常是以父母的客观社会环境为指标来衡量的,而且父母的社会环境是学生学业成就的重要预测指

---

[1] Kraus M W, Côté S, Keltner D. Social class, contextualism, and empathic accuracy [J]. Psychological science, 2010, 21 (11): 1716-1723.

[2] 方长春,风笑天. 阶层差异与教育获得——一项关于教育分流的实证研究 [J]. 清华大学教育研究, 2005, 5: 22-30.

[3] Sirin S R. Socio-economic status and academic achievement: a meta-analytic review of research [J]. Review of Educational Research, 2005, 75: 417-453.

[4] White K R. The relation between socio-economic status and academic achievement [J]. Psychological Bulletin, 1982, 91: 461-481.

标。家庭环境变量是一个家庭在整个社会群体中的经济、政治和社会地位，是社会环境变量在家庭中的反映。家庭环境变量的客观测量[1]一般是由家庭收入、父母亲职业与父母亲教育水平组成的。然而，采用社会环境变量的客观指标存在如下问题。第一，家庭环境变量的不同成分对子女学业发展的影响如何，尚未得出一致的结论。有研究者认为父母亲的教育水平可以正向预测子女的学业投入和学业成就[2]，有的则认为母亲教育水平预测力更强[3]，还有些发现家庭收入影响最大[4][5]。第二，以客观尺度来衡量社会成员的社会环境时，时有主观与客观不一致的情况发生。故此，研究者[6][7]开始转向社会环境变量的主观测量。研究表明，当前确实存在社会环境变量的主观建构与客观实在不一致的问题[8]。此外，社会环境变

---

[1] Bradley R H, Corwyn R F. Socio-economic status and child development [J]. Annual Review of Psychology, 2002, 53: 371-399.

[2] Smith J R, Brooks-Gunn J, Klebanov P K. Consequences of living in poverty for young children's cognitive and verbal ability and early school achievement [J]. Consequences of growing up poor, 1997: 132-189.

[3] Mercy J A, Steelman L C. Familial influence on the intellectual attainment of children [J]. Am. Sociol. Rev, 1982, 47: 532-542.

[4] Ackerman B P, Brown E D, Izard C E. The relations between persistent poverty and contextual risk and children's behavior in elementary school [J]. Developmental Psychology, 2004, 40 (3): 367-377.

[5] 石雷山, 陈英敏, 侯秀, 等. 家庭社会经济地位与学习投入的关系: 学业自我效能的中介作用 [J]. 心理发展与教育, 2013, 1: 71-78.

[6] Adler N E, Epel E S, Castellazzo G, et al. Relationship of subjective and objective social class with psychological functioning: Preliminary data in healthy White women [J]. Health Psychology, 2000, 19: 586-592.

[7] Kraus M W, Piff P K, Keltner D. Social class, sense of control, and social explanation [J]. J Pers Soc Psychol, 2009, 97 (6): 992-1004.

[8] 王春光, 李炜. 当代中国社会阶层的主观性建设和客观实在 [J]. 江苏社会科学, 2002, 4: 95-100.

量的主观指标比客观指标具有更好的预测效度[1]。

元分析表明，早期研究中父母的社会环境与学生学业成就的平均相关系数达到0.29[2]。家庭社会经济地位并不直接影响子女的发展，而是通过一系列的中介变量起作用[3]。已有研究较多从家庭和学校的角度，考察家庭环境中影响学业成绩的因素[4][5]。比如，Evans等人就将家里的藏书量作为一个经典的家庭变量，发现藏书量可以在家庭环境变量与学业成就之间起中介作用[6]。研究的逻辑：家庭的环境变量会影响家里的藏书量，反过来，家里的书会影响孩子的学习。但是，至于其中的影响究竟是怎样的，尚待揭示。

从子女自身的角度来考察个体特征机制的研究主要涉及动机和智力。

---

[1] Sakurai K, Kawakami N, Yamaoka K, et al. The impact of subjective and objective social status on psychological distress among men and women in Japan [J]. Social science & medicine, 2010, 70 (11): 1832–1839.

[2] Sirin S R. Socio-economic status and academic achievement: a meta-analytic review of research [J]. Review of Educational Research, 2005, 75: 417–453.

[3] Bradley R H, Corwyn R F. Socio-economic status and child development [J]. Annual Review of Psychology, 2002, 53: 371–399.

[4] Marks G N, Cresswell J, Ainley J. Explaining socio-economic inequalities in student achievement: the role of home and school factors [J]. Educational Research and Evaluation, 2006, 12: 105–128.

[5] Aikens N L, Barbarin O. Socio-economic differencesin reading trajectories: The contribution of family, neighbourhood, and school contexts [J]. Journal of Educational Psychology, 2008, 100: 235–251.

[6] Evans M D R, Kelley J, Sikora J, et al. Family scholarly culture and educational success: books and schooling in 27 nations [J]. Research in Social Stratification and Mobility, 2010, 28: 171–197.

研究发现家庭环境变量与子女的动机之间存在因果关系[1][2]。可能的解释：第一，动机也是父母学业成就和职业成功的很好预测指标，而父母的动机可能会遗传给子女，也就是说高动机的父母会有高动机的孩子，这一点已经得到双生子研究的证实[3]；第二，子女的动机可能会受到高动机父母为其提供的高动机环境的影响；第三，遗传和环境的交互作用共同影响子女，换言之，高动机的子女对高动机父母提高的高动机环境会做出更好的回应。除此以外，学生的智力水平也常常作为中介变量来研究，但是智力因素只能解释家庭环境变量与学业成就之间的部分共变，这说明学生智力并不是唯一的影响因素[4][5][6]。

家庭环境变量对个体发展的影响在于：对客观物质资源的占有和对主观社会环境的认知不同，将导致家庭环境变量对个体的心理和行为都产生巨大影响。一般环境者面临沉重的生活压力和不时的安全威胁，导致他们

---

[1] Amelang M, Steinmayr R. Is there a validity increment for tests of emotional intelligence in explaining the variance of performance criteria? [J]. Intelligence, 2006, 34: 459-468.

[2] Jolibert A, Baumgartner G. Values, motivations, and personal goals: revisited [J]. Psychology and Marketing, 1997, 14: 675-688.

[3] Spinath F M, Spinath B, Plomin R. The nature and nurture of intelligence and motivation in the origins of sex differences in elementary school achievement [J]. European Journal of Personality, 2008, 22: 211-229.

[4] Johnson W, Brett C E, Deary I J. Intergenerational class mobility in Britain: a comparative look across three generations in the Lothain Birth Cohort 1936 [J]. Intelligence, 2010, 38: 268-281.

[5] Baumert J, Watermann R, Schümer G. Disparities in educational participation and attainment: an institutional and individual mediation model [J]. European Journal of Personality, 2003, 6: 46-72.

[6] Steinmayr R, Dinger F C, Spinath B. Parents' education and children's achievement: the role of personality [J]. European Journal of Personality, 2010, 24: 535-550.

对生活的控制感下降[1]。由于缺乏个人控制感，一般环境者比良好环境者更加关注周围的背景信息[2]。此外，为了消除控制感的缺乏对自尊带来的影响，一般环境者倾向于对行为或事情作出外部情境归因；而良好环境者为了维持较高的控制感，倾向于作出个人内部归因[3]。久而久之，一般环境者逐渐形成一种情境主义的社会认知倾向，认为心理和行为受情境因素的影响，更多选择与环境相一致的行为；与之相反，良好环境者形成了唯我主义的认知倾向，较少受到环境影响[4][5]。

家庭环境变量是指一个家庭在整个社会群体中的经济、政治和社会地位。客观的家庭环境变量通常反映在家庭的收入、父母亲的职业及父母亲的教育水平上。虽然研究发现主观社会环境变量的预测力更强，但是个体对自身所处社会环境变量的主观感知与其客观社会环境变量是分不开的，是以客观社会环境变量为基础的。家庭环境变量对子女教育的影响可以是直接或间接的。一项研究考察了家庭背景与教育获得的关系，发现家庭背景与学生初中后的教育分流之间有联系。研究首先发现，家庭背景可以通过直接的、人为的方式，使良好环境的子女在未来学业竞争中处于优势地位，从而影响子女初中以后的教育分流；也可以通过间接的方式，比如影

---

[1] Christie A M, Barling J. Disentangling the indirect links between SES and health: the dynamic roles of work stressors and personal control [J]. Journal of Applied Psychology, 2009, 94: 1466-1478.

[2] Kraus M W, Piff P K, Keltner D. Social Class as Culture: the convergence of resources and rank in the social realm [J]. Current Directions in Psychological Science, 2011, 20 (4): 246-250.

[3] Grossmann I, Varnum M E W. Social class, culture, and cognition [J]. Social Psychological and Personality Science, 2011, 2: 81-89.

[4] Kraus M W, Côté S, Keltner D. Social class, contextualism, and empathic accuracy [J]. Psychological science, 2010, 21 (11): 1716-1723.

[5] Kraus M W, Piff P K, Mendoza-Denton R, et al. Social class, solipsism, and contextualism: how the rich are different from the poor [J]. Psychol Rev, 2012, 119 (3): 546-572.

响学生的学业成绩来影响教育分流的结果①。

第三节 尚需探讨的问题

　　社会环境心理学的研究发现，客观的物质资源和主观的社会地位导致了不同环境者在认知、情感和行为上存在巨大的差异。一般环境者需要面临沉重的生活压力和不时的安全威胁，长此以往导致其对生活的控制感下降②。由于缺乏个人控制感，一般环境者比良好环境者更加关注周围的背景信息，因而更强调外在的情境因素对行为的影响③。为了维持控制感，良好环境者对行为或事情倾向于作出个人内部归因，而一般环境者更倾向于作出外部情境归因④。所以，相对于唯我主义的良好环境者来说，情境主义的一般环境者更容易受到环境因素的影响。自我决定理论的有关研究发现，相对于控制的环境来说，当教师能够站在学生的角度考虑问题，减少对学生的强迫行为，承认学生的情感，给学生提供解释和自己选择的机会时，学生会表现出更多的学习兴趣，对学校生活感受更多的愉悦感，在学习上表

---

① 方长春，风笑天．阶层差异与教育获得——一项关于教育分流的实证研究［J］．清华大学教育研究，2005，5：22-30．

② Christie A M, Barling J. Disentangling the indirect links between SES and health: The dynamic roles of work stressors and personal control [J]. Journal of Applied Psychology, 2009, 94: 1466-1478.

③ Kraus M W, Piff P K, Keltner D. Social class, sense of control, and social explanation [J]. J Pers Soc Psychol, 2009, 97 (6): 992-1004.

④ Grossmann I, Varnum M E W. Social class, culture, and cognition [J]. Social Psychological and Personality Science, 2011, 2: 81-89.

现出高努力性和高坚持性，因而更加投入[1][2][3][4]。前人大量的研究分别探讨了社会环境变量对个体心理的影响，以及教师自主支持对个体学习的影响，但是这些研究也存在一定的不足之处。

一、研究的理论框架不够系统

国外对不同社会环境变量与学习之间关系的探讨，没有放在一个理论框架之下系统地进行。如前所述，现有研究考察了不同社会环境中，孩子的动机、智力因素及家庭的资本投入的影响，但是我们无从得知，在从学习动机到学习投入，再到学习成绩的整个学习过程中，学生的家庭环境变量是否一直在起作用，以及起着怎样的作用。

二、研究的视角有待融合，打通学科边界壁垒

有着社会环境心理学背景的研究者，往往更关注社会公平、公正等问题，为社会群体性现象提供心理视角的解读。而有着教育学背景的研究者，鲜少关注家庭环境变量在学业获得中的影响。因此，国内鲜有研究从社会环境变量的角度探讨学生的学习行为，得出的关于家庭环境变量与子女学业发展之间的关系尚存争议。比如，有研究者认为父母亲的教育水平可以

---

[1] Deci E L, Ryan R M. The "what" and "why" of goal pursuits: human needs and the self-determination of behavior [J]. Psychological Inquiry, 2000, 11 (4): 227–268.

[2] Skinner E A, Belmont M J. Motivation in the classroom: reciprocaleffect of teacher behavior and student engagement across the school year [J]. Journalof Educational Psychology, 1993, 85: 571–581.

[3] Reeve J, Jang H, Carrell D, et al. Enhancing students' engagement by increasing teachers' autonomy support [J]. Motivation and Emotion, 2004, 28 (2): 147–169.

[4] Hyungshim J, Reeve J, Deci E L. Engaging students in learning activities: it is not autonomy support or structure but autonomy support and structure [J]. Journal of Educational Psychology, 2010, 102 (3): 588–600.

正向预测子女的学业投入和学业成就[1]，有的则认为母亲教育水平预测力更强[2]，还有些发现家庭收入影响最大[3][4]。因此，研究是缺乏系统的理论框架的。

三、研究的测量指标有失偏颇

在家庭社会环境的测量上，现有研究采用的是客观测量法。但是采用社会环境变量的客观指标存在如下问题：第一，以客观尺度来衡量社会成员所处的环境时，若社会成员的主观感受与客观阶层不一致，测量则不准确；第二，研究发现在中国确实存在社会环境变量的主观建构与客观实在不一致的问题[5]；第三，社会环境变量的主观指标比客观指标具有更好的预测效度[6]。故此，仅仅将家庭环境的客观指标作为社会环境变量的测量指标是有失偏颇的。

---

[1] Smith J R, Brooks-Gunn J, Klebanov P K. Consequences of living in poverty for young children's cognitive and verbal ability and early school achievement [J]. Consequences of growing up poor, 1997: 132-189.

[2] Mercy JA, Steelman LC. Familial influence on the intellectual attainment of children [J]. Am. Sociol. Rev, 1982, 47: 532-42.

[3] Ackerman B P, Brown E D, Izard C E. The relations between persistent poverty and contextual risk and children's behavior in elementary school [J]. Developmental Psychology, 2004, 40（3）: 367-377.

[4] 石雷山，陈英敏，侯秀，等. 家庭社会经济地位与学习投入的关系：学业自我效能的中介作用 [J]. 心理发展与教育，2013，1：71-78.

[5] 王春光，李炜. 当代中国社会阶层的主观性建设和客观实在 [J]. 江苏社会科学，2002，4：95-100.

[6] Sakurai K, Kawakami N, Yamaoka K, et al. The impact of subjective and objective social status on psychological distress among men and women in Japan [J]. Social science & medicine, 2010, 70（11）: 1832-1839.

第四章　教师因素对不同家庭学生自主动机的影响

本章要探讨的第一个问题是，教师自主支持对不同家庭环境变量学生自主动机的影响。如前所述，自我决定理论以及大量相关研究均已表明教师自主支持的环境因素能影响学生的自主动机。但是，鲜有研究同时考虑到学校环境与家庭环境变量共同对学生自主动机的影响。此外，依据Kraus等人的社会环境心理学研究[1]，我们可以推断教师自主支持环境对学生自主动机水平的影响，对所有个体来说并不都是一样的。具体来说，相对于唯我主义的良好环境学生来说，情境主义的一般环境学生更容易受到环境因素的影响。基于此，本章包含两个子研究，分别采用情境实验和问卷调查的方法，来考察教师自主支持与学生对家庭环境变量的主观感受对被试自主动机水平的影响。

---

[1] Kraus M W, Piff P K, Mendoza-Denton R, et al. Social class, solipsism, and contextualism: how the rich are different from the poor [J]. Psychol Rev, 2012, 119（3）: 546-572.

第一节 教师自主支持启动对不同社会环境变量学生自主动机的影响

一、研究目的与假设

本研究通过情境启动的方式操纵教师自主支持和被试对家庭环境变量的主观感受，目的在于考察教师自主支持环境对学生自主动机的影响，以及家庭环境变量在其中起到的调节作用。通过情境启动的方式来创设一个自主的情境和受控的情境。在受控情境中，被试感受到自己的班主任经常使用指示和命令（如必须、一定）的语气，且很少倾听和接纳学生的感受和观点。而在自主情境下，被试的班主任则经常使用商量（如能不能、可以吗）的语气，并且愿意认同学生的需要、兴趣和偏好，花时间倾听和接纳学生的感受和观点。同时，通过使用指导语启动被试向上比较或向下比较的方式来操纵个体对家庭环境变量主观感受的高低，以此来观察高低主观感受者在不同教师支持情境下自主动机水平的差异。

大量的理论及相关研究均已表明，环境因素能对自主动机产生影响。尤其是教师自主支持的环境影响已得到了大量的证实。并且，基于Kraus[①]的社会环境心理学研究，可以认为教师自主支持环境对学生自主动机的影响，并非对所有学生而言都是一样的，因为相对于唯我主义的良好环境者来说，情境主义的一般环境者更容易受到环境因素的影响。因此本研究假设：教师自主支持能显著影响学生自主动机水平，且家庭环境变量在其中起到调节作用，即对于一般环境的学生来说，教师自主支持显著地影响其自主动机水平；对于良好环境来说，教师自主支持对其自主动机的影响不显著。

---

① Kraus M W, Côté S, Keltner D. Social class, contextualism, and empathic accuracy [J]. Psychological Science, 2010, 21 (11): 1716–1723.

二、研究方法

（一）被试

被试的基本信息如表 4-1 所示。

表 4-1 被试的基本信息（N=119）

变量	属性	人数	比例（%）
性别	男	59	49.6
	女	56	47.1
	缺失	4	3.4
客观社会环境变量	国家与社会管理者	5	4.2
	社会	4	3.4
	阶层	7	5.9
	专业技术人员	16	13.4
	办事人员	21	17.6
	个体工商户	24	20.2
	商业服务业员工	12	10.1
	产业工人	10	8.4
	农业劳动者	13	10.9
	城乡无业、失业、半失业者	7	5.9

采用分层整群抽样法，选取武汉和襄阳地区两所普通城市中学，在两所学校随机选取两个班级共 134 人。将反应倾向明显（连续 5 题选择同一答案或者答案呈蛇形排列）的问卷排除后，得到有效被试 119 人，有效回收率为 89%。其中男生 59 人，占 49.6%，女生 56 人，占 47.1%，未填性别者 4 人，占 3.3%。平均年龄为 14.65（SD = 1.655）岁。

（二）实验设计

采用 2×2 的组间设计，组间变量 1 为家庭环境变量，分为良好环境和一般环境 2 个水平；组间变量 2 为教师自主支持，分为自主和受控。因变量为学生自主动机水平。

（三）实验材料和程序

教师自主支持操纵如下。采用指导语启动的方法，通过呈现不同的阅读材料，操纵实验的两种条件。在教师自主支持的情境下，一位从事教学工作多年的老师被描述为："李老师从事教学工作多年。在教学过程中，李老师经常使用商量（如能不能、可以吗）的语气。李老师认同学生的需要、兴趣和偏好，花时间倾听和接纳学生的感受和观点，向学生解释学习任务或规章制度的原因。无论是作业的内容还是完成的方式，给学生提供选择的机会。让学生讨论解决问题的方法和策略，给学生充足的时间让他们自己决策。允许学生在学习中犯错误，给予学生重新改正错误的机会。允许学生表达对学习的不满情绪。"在控制的情境下，这位老师被描述为："李老师从事教学工作多年。在教学过程中，李老师经常使用指示和命令（如必须、一定）的语气。李老师很少倾听和接纳学生的感受和观点。经常在没给时间让学生表达自己的观点之前，就告诉学生获得正确答案的方法。李老师经常批评和指责犯错误的学生，并施加外部压力或威胁来促进学生学习，设置完成作业的期限。不允许学生表达出对学习的不满情绪。"

主观家庭环境变量的操纵如下。使用MacArthur量表测量被试对家庭环境变量的主观感受。MacArthur量表是一个10级梯图（如图3-1所示），要求被试结合自己父母的受教育程度、职业地位和收入，选出自己的家庭在梯图中的位置。得分越高表明对家庭环境变量的主观感受越高，即认为家庭环境良好。参照Adler等人的做法，得分在6分以上或3分以下的被试分别属于良好环境者和一般环境者[1]。主观一般家庭环境变量启动的具体指导语为："现在，请将你自己与位于这个梯子最顶端的人进行比较。这些人的生活境况是最优裕的，他们拥有最高的收入、最高的受教育程度、

---

[1] Adler N E, Epel E S, Castellazzo G, et al. Relationship of subjective and objective social class with psychological functioning: preliminary data in healthy White women [J]. Health Psychology, 2000, 19: 586–592.

最体面的工作。请结合你自己家庭的收入、受教育程度和职业地位，思考一下你与这些人有怎样的差别。相对于这些最顶端的人，你会把自己放在梯子的哪一级？"。主观良好家庭环境变量启动的具体指导语为："现在，请将你自己与位于这个梯子最底端的人进行比较。这些人的生活境况是最糟糕的，他们拥有最低的收入、最低的受教育程度、最不体面的工作。请结合你自己家庭的收入、受教育程度和职业地位，思考一下你与这些人有怎样的差别。相对于这些最底端的人，你会把自己放在梯子的哪一级？"

阅读完指导语之后，要求被试评定自己在梯子中所处的位置（1～10级）。评定完之后，为了进一步强化主观家庭环境变量操纵的效果，通常采用写作任务来激活被试与相对环境有关的心理状态[1][2]。具体做法是，让被试进一步想象他们自己正在与位于梯子最顶端或底端的一个人进行一次交谈，并思考他们与对方之间的差别会如何影响其谈话的主题；这种交谈可能进行得怎么样；他们可能会对对方说些什么，然后要求被试围绕这些内容写几句话。

自主动机的测量如下。采用学习自我调节问卷（academic self-regulation questionnaire, SRQ-A）进行施测。该问卷用于测量学生自主动机的水平。英文版由 Ryan[3] 编制，暴占光[4] 对其进行了修订。修订后的问卷共包含30个项目，其中外部调节项目11个，内摄调节项目5个，认同调节项目7个，内部调节项目（包括整合调节）7个。经检验，各项目的

---

[1] Anderson C, Galinsky A D. Power, optimism, and risk-taking [J]. European Journal of Social Psychology, 2006, 36: 511-536.

[2] Kraus M W, Piff P K, Keltner D. Social class, sense of control, and social explanation [J]. J Pers Soc Psychol, 2009, 97 (6): 992-1004.

[3] Ryan R M, Connell J P. Perceived locus of causality and internalization: examining reasons for acting in two domains [J]. Journal of Personality and Social Psychology, 1989, 57 (5): 749-761.

[4] 暴占光. 初中生外在学习动机内化的实验研究 [D]. 长春：东北师范大学, 2006: 34-38.

因素负荷在 0.458～0.782 之间，内部一致性系数（Cronbach's α 系数）为 0.793，重测信度为 0.837，各项指标达到了问卷测验的要求。问卷反应方式采用五点计分，"完全不符合"～"完全符合"分别记 1～5 分。将各维度的得分加权求总分，最终可以得到相对自主指数（relative autonomy index，RAI）。计算公式为：RAI=2×内部调节＋认同调节－内摄调节－2×外部调节。RAI 指数越高代表动机内化水平越高，意味着被试自我决定动机水平高。

具体实验程序如下。

把教师自主支持与学生主观家庭环境变量的操纵材料组合，产生情境实验的四种阅读材料，分别是教师自主支持/良好家庭环境、教师自主支持/一般家庭环境、教师控制/良好家庭环境与教师控制/一般家庭环境。随机分配 119 名参与调查的学生阅读其中的一种材料，各种实验材料的长度基本相当。实验进行时，没有告知学生所阅读的材料内容是有差别的。学生阅读完操纵材料后，完成自主动机的问卷。采用集体施测的方法，整个施测过程都由研究者担当主试，并要求任课老师和班主任离场，学生匿名作答。

（四）统计方法

采用 SPSS 17.0 对数据进行统计分析，统计方法主要有描述统计、方差分析。

三、研究结果

（一）主观家庭环境变量操纵有效性检验

在检验研究假设之前，首先需要检验家庭环境变量的操纵是否是有效的。在实验过程中，119 名被试被随机分配到主观良好环境和主观一般环境两个操纵条件下，其中主观一般环境条件下有 65 人，主观良好环境条件下有 54 人。

先考察这两组被试在客观家庭环境变量上是否存在差异。分配到主观一般环境条件下被试的客观社会环境变量分数为 6.168（SD=2.33），分配到主观良好环境条件下被试的客观社会环境变量分数为 5.618（SD=2.23），方差分析结果如表 4-2 所示，二者之间的差异不显著，$F_{(1, 100)}$=1.721，$p > 0.05$。

表 4-2　不同操纵条件下客观家庭环境变量差异检验的方差分析结果（N=119）

变量	方差	自由度	均方	F 值	p 值	偏 η^2	1-β
客观家庭环境变量	8.926	1	8.926	1.721	0.192	0.014	0.255
误差	607.012	117	5.188				
总计	615.938	118					

随后检验在两种操纵条件下，被试的主观家庭环境变量上是否存在差异。采用方差分析对两种不同环境操纵条件下的被试在阶梯图上的评定等级进行比较。

被诱导产生良好环境体验的被试（即与梯子最底端的人进行比较的被试）平均得分 5.14（SD = 1.34），被诱导体验一般环境的被试（即与梯子最顶端的人进行比较的被试）平均得分 4.46（SD = 1.54）。从表 4-3 可以看出，前者认为自己在阶梯上所处的位置要显著地高于后者，$F_{(1, 117)}$ = 6.612，$p < 0.05$。此结果表明主观社会环境变量的实验操纵改变了人们对自己所处相对地位的知觉，因而是有效的。

表 4-3　主观感受操纵有效性检验的方差分析结果（N=119）

变量	方差	自由度	均方	F 值	p 值	偏 η^2	1-β
主观感受操纵	13.576	1	13.576	6.612	0.011	0.053	0.722
误差	240.241	117	2.053				
总计	253.817	118					

（二）教师自主支持操纵有效性检验

在实验中，随机分配到教师自主支持操纵情境的被试 61 人，控制的操纵情境的被试 58 人。读完阅读材料后测量学生感知到的教师自主支持具有显著差异，如表 4-4 所示，$F_{(1, 117)}$ =4.727，$p < 0.05$，表明对教师自主支持的操纵是有效的。

表 4-4　教师自主支持操纵有效性检验的方差分析结果（N= 119）

变量	方差	自由度	均方	F 值	p 值	偏 η^2	$1-\beta$
教师自主支持操纵	8.216	1	8.216	4.727	0.032	0.039	0.578
误差	203.344	117	1.738				
总计	211.560	118					

（三）家庭环境变量在教师自主支持影响学生自主动机中的调节作用

在进行教师自主支持和主观家庭环境变量的操纵之后，被试在自主动机上得分的平均数与标准差如表 4-5 所示。

表 4-5　学生自主动机的描述性统计结果（N= 119）

教师自主支持情境	主观感受	样本量	平均数	标准差
自主	一般环境	22	−0.69	25.13
	良好环境	26	−14.81	23.83
受控	一般环境	32	−21.97	21.44
	良好环境	39	−16.50	22.60

以家庭环境变量和教师自主支持为自变量，以自主动机为因变量，进行两因素方差分析，结果如表 4-6 所示，主观感受与教师自主支持的交互作用显著，$F_{(1, 115)}$ = 5.123，$p < 0.05$，偏 η^2 为 0.043，其统计检验力 $1-\beta$ 为 0.612；家庭环境变量的主效应不显著，$F_{(1, 101)}$ = 1.001，$p > 0.05$；教师自主支持的主效应显著，$F_{(1, 101)}$ = 7.050，$p < 0.01$，偏 η^2 为 0.058，其统计检验力 $1-\beta$ 为 0.750。

表 4-6　方差分析结果（N=119）

变量	方差	自由度	均方	F 值	p 值	偏 η^2	$1-\beta$
教师自主支持（A）	3 748.228	1	3 748.228	7.050	0.009	0.058	0.750
社会环境变量（B）	532.015	1	532.015	1.001	0.319	0.009	0.168
$A \times B$	2 723.462	1	162.002	5.123	0.025	0.043	0.612
误差	61 137.685	115	531.632				
总计	92 915.960	119					

采用简单效应分析进一步考察交互作用的实质。结合图 4-1 可知：对于一般环境者来说，不同支持情境下的自主动机存在显著差异，具体来说，$b = 21.28$，$t = 3.33$，$p < 0.01$（b 是图中直线的斜率，t 是其显著性检验的统计量，p 是显著性水平，后同）；对于良好环境者来说，无论在支持情境还是受控情境下，自主动机不存在显著的差异，具体来说，$b = 1.70$，$t = 0.29$，$p > 0.05$。

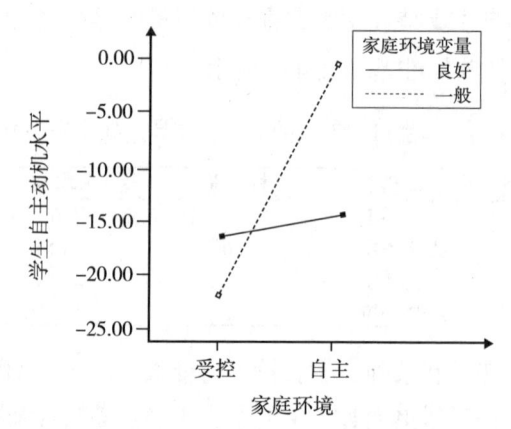

图 4-1　家庭环境变量与教师自主支持交互影响学生自主动机作用图

四、分析与讨论

采用情境实验的方法，以教师自主支持和学生的主观家庭环境变量为自变量，学生的自主动机为因变量，结果表明教师自主支持与学生家庭环境变量的交互作用显著，说明主观家庭环境变量在教师自主支持影响学生自主动机中的调节作用是显著的。具体来说，与良好环境家庭的学生相比，一般环境家庭的学生自主动机更容易受到情境因素的影响，在教师自主支持的环境中动机自主的程度高于受控的环境；良好环境家庭的学生无论在教师提供支持还是控制的环境下，自主动机水平都没有显著差异。验证了本研究的假设。

社会环境心理学的研究发现，社会环境一般者需要面临沉重的生活压力和不时的安全威胁，导致其对生活的控制感较差，良好环境者则具有较高控制感[1]。为了维持较高的控制感，良好环境者对行为或事情倾向于作出个人内部归因，将富裕归因于能力、努力等个人因素会使其保持良好感觉，增加自信；而一般环境者更倾向于作出外部情境归因，将贫穷归因于机会不平等、经济体制缺陷等外部情境因素有助于减少其愧疚和自卑感[2]。于是，良好环境者逐渐形成唯我主义的认知倾向，一般环境者形成情境主义的认知倾向。本研究从另一个角度印证了社会环境心理学的研究发现。此外，社会环境变量较高的家庭更有可能为子女提供较好的学习条件与物质激励，而低社会环境变量家庭则缺乏优质的教育机会，在教育资源与教育经验的获取上也相对不足。高社会环境变量的父母通过给子女提供更多的文化资本投入，比如，带领孩子参观博物馆，或是把成功人士介绍给孩子，培养子女的动机[3]。本研究对家庭环境变量调节作用的分析，揭示了教师自主支持发挥作用的条件：对于不同家庭环境变量的学生来说，学习的自主动机是存在差异的。

---

[1] Kraus M W, Piff P K, Keltner D. Social class, sense of control, and social explanation [J]. J Pers Soc Psychol, 2009, 97（6）: 992-1004.

[2] Whyte M K, Han C. Popular attitudes toward distributive injustice: Beijing and Warsaw compared [J]. Journal of Chinese Political Science, 2008, 13（1）: 29-51.

[3] Bourdieu P. The forms of capital [J]. Handbook of theory and research for the sociology of education, 1986: 241-258.

五、小结

本研究发现，一般环境者的家庭环境变量的调节作用显著，即对于一般环境者来说，不同支持情境下的自主动机存在显著差异；而对于良好环境者，无论在支持情境下还是受控情境下，自主动机不存在显著的差异。验证了本研究的假设。

第二节 教师自主支持与自主动机：家庭环境变量的调节作用

一、研究目的与假设

上一节的情境启动实验的结果表明，对于一般环境变量学生来说，教师自主支持显著影响了其自主动机水平；对于良好环境者来说，教师自主支持对其自主动机水平的影响不显著。但是作为情境实验研究，其外部效度是有限的，所以，为了提高该研究结论的外部效度，本研究采用问卷调查的方法，进一步考察教师自主支持与学生家庭环境变量对学生自主动机的影响。即本研究的目的是通过相关研究方法来检验教师自主支持与学生自主动机之间的关系，并考察家庭环境变量对这一关系的调节作用。

本研究对上一节研究推进的地方体现在：（1）不是实验操纵教师自主支持，而是调查学生实际学习生活中对任课教师自主支持的感受；（2）不再是实验操纵的对家庭环境的主观感受，而是筛查出来的生活中的良好和一般环境者，这样一来结论将更符合真实情况。所以，本研究的外部效度比上一节研究的效度高。

在本研究中，采用 Williams 和 Deci 编制[①]，陈艳[②] 修订的学习氛围问卷（the learning climate questionnaire, LCQ）来测量教师自主支持，主观 MacArthur 量表来测量被试的主观社会环境变量。本研究假设：教师自主支持能显著影响学生自主动机水平，且家庭环境变量在其中起到调节作用，即对于一般环境的学生来说，教师自主支持显著地影响其自主动机水平；对于良好环境来说，教师自主支持对其自主动机的影响不显著。

二、研究方法

（一）被试

采用分层整群抽样法，选取武汉和襄阳地区四所中学的9个班级，发放问卷344份进行筛查，最终确定两组分别来自良好、一般家庭环境的学生192人。其中，一般环境的学生（MacArthur 量表得分在3分及以下）124人，男生53人，女生63人，未填性别8人，平均年龄为16.47（SD=1.538）岁；良好环境的学生（MacArthur 量表得分在6分及以上）68人，男生33人，女生35人，平均年龄为13.34（SD=1.472）岁。被试基本信息如表4-7所示。

（二）研究设计

研究采用问卷法，用培训好的主试对上述被试进行施测并集中回收数据，研究设计中的自变量为教师自主支持，调节变量为学生的主观家庭环境变量水平，因变量为学生的自主动机。

[①] Williams G C, Deci E L. Internalization of bio-psychosocial values by medical students: a test of self-determination theory [J]. Journal of Personality and Social Psychology, 1996, 70: 767-779.

[②] 陈艳. 高中生感知教师自主支持对其学习动机内化的影响 [D]. 武汉：华中师范大学，2008：17-24.

表 4-7 被试的基本信息（N=192）

变量	属性	人数	比例（%）
性别	男	86	44.8
	女	98	51.0
	缺失	8	4.2
主观家庭环境变量	1	29	15.1
	2	38	19.8
	3	57	29.7
	7	40	20.8
	8	16	8.3
	9	6	3.1
	10	6	3.1

（三）研究材料和程序

教师自主支持的测量如下。使用 Williams 和 Deci 编制的学习氛围问卷进行施测（LCQ）。陈艳对问卷进行了修订，使其更符合中国的青少年学生。修订后的问卷有 13 个项目，内部一致性系数（Cronbach's α 系数）为 0.876，重测信度为 0.834。采用 Likert 五点量表作为计分方式："完全不符合"~"完全符合"分别记 1~5 分，得分越高表明自主支持程度越高[1]。

主观家庭环境变量的测量如下。对主观家庭环境变量的测量，最有代表性的测量工具是主观 MacArthur 量表。它是一个 10 级阶梯量表，代表了具有不同水平收入、教育程度和职业声望的人所处的位置，给被试呈现这张梯子的图片，让被试想象一下这个梯子代表了人们在社会中所处的位置，分数越高，表示其所处的社会环境相对较好。接着告知被试梯子最顶端的人所处的社会环境最好，这些人的生活境况是最优裕的，他们的收入最高、受教育程度最高、工作最体面；梯子最底端的人处于社会最底层，这些人的生活境况是最糟糕的，他们的收入最低、受教

---

[1] Williams G C, Deci E L. Internalization of bio-psychosocial values by medical students: a test of self-determination theory [J]. Journal of Personality and Social Psychology, 1996 (70): 767-779.

育程度最低、工作最不体面。最后请被试结合自己家庭的收入、父母受教育程度和职业地位，标记出被试感知到的自己在梯图所处的位置。MacArthur量表具有较好的信度指标，间隔6个月的重测信度为0.62[1]。

学生自主动机的测量如下。采用学习自我调节问卷(SRQ-A)进行施测。该问卷用于测量学生自主动机的水平。英文版由Ryan[2]编制，暴占光[3]对其进行了修订。修订后的问卷共包含30个项目，其中，外部调节项目11个，内摄调节项目5个，认同调节项目7个，内部调节项目（包括整合调节）7个。经检验，各项目的因素负荷在0.458~0.782之间，内部一致性系数（Cronbach's α 系数）为0.793，重测信度为0.837，各项指标达到了问卷测验的要求。问卷反应方式采用五点计分，"完全不符合"~"完全符合"分别记1~5分。将各维度的得分加权求总分，最终可以得到相对自主指数(RAI)。计算公式为：RAI=2×内部调节+认同调节-内摄调节-2×外部调节。RAI指数越高代表动机内化水平越高，意味着被试自我决定动机水平高。

施测程序：采用集体施测的方法，整个施测过程都由研究者担当主试，并要求任课老师和班主任离场。由于教师自主支持和学生自主动机的测量都是用问卷实现的，为避免共同方法偏差对研究结果的影响，在变量的测量方面采用匿名问卷测量、更变测量问卷顺序、分离施测时间等方式进行共同方法偏差效应的程序控制。

---

[1] Adler N E, Epel E S, Castellazzo G, et al. Relationship of subjective and objective social class with psychological functioning: preliminary data in healthy White women [J]. Health Psychology, 2000, 19: 586-592.

[2] Ryan R M, Connell J P. Perceived locus of causality and internalization: examining reasons for acting in two domains [J]. Journal of Personality and Social Psychology, 1989, 57 (5): 749-761.

[3] 暴占光. 初中生外在学习动机内化的实验研究 [D]. 长春：东北师范大学，2006：34-38.

（四）统计方法

采用 SPSS 17.0 对数据进行统计分析，统计方法主要有描述统计、相关分析与回归分析分析。

三、研究结果

（一）描述性统计结果

如表 4-8 所示，教师自主支持与学生社会环境变量之间的相关显著，相关系数为 0.51（$p < 0.001$）；教师自主支持与自主动机之间显著正相关，相关系数为 0.60（$p < 0.001$）；家庭环境变量与自主动机之间的相关显著，相关系数为 −0.24（$p < 0.001$）。

表 4-8 教师自主支持、家庭环境变量与自主动机的描述性统计和相关分析结果

（N=192）

	平均数	标准差	教师自主支持	家庭环境变量	学生自主动机
教师自主支持	47.49	13.04	1		
家庭环境变量	0.35	0.48	0.51***	1	
学生自主动机	−12.87	19.64	0.60***	−0.24***	1

注：* 代表 $p < 0.05$，** 代表 $p < 0.01$，*** 代表 $p < 0.001$，下同。

（二）家庭环境变量在教师自主支持与学生自主动机关系中的调节作用

为了进一步探讨三者之间的关系，依据前人的研究，以教师自主支持为自变量，以学生家庭环境变量为调节变量，以学生自主动机为因变量来考察教师自主支持与学生家庭环境变量交互的预测作用。遵循 Aiken 等人[1]的建议，首先将教师自主支持与学生家庭环境变量中心化，中心化分

---

[1] Aiken L, West S, Reno R. Multiple regression: testing and interpreting interactions [M]. London: SAGE Publications, 1991: 14–22.

数的乘积代表着教师自主支持与学生家庭环境变量的交互作用，然后采用 enter 法进行同时性多元回归分析，结果参见表 4-9。

表 4-9　多元回归分析结果

	标准回归系数 b	标准误	t	p
教师自主支持	1.03	0.10	10.49	0.001
家庭环境变量	−7.44	2.77	−2.69	0.01
教师自主支持 × 家庭环境变量	−0.47	0.20	−2.30	0.02

结果表明，教师自主支持的主效应显著（$b = 1.03$, $t = 10.49$, $p < 0.01$），家庭环境变量的主效应显著（$b = -7.44$, $t = -2.69$, $p < 0.05$），教师自主支持与家庭环境变量的交互作用显著（$b = -0.47$, $t = -2.30$, $p < 0.05$）。为了更进一步探索交互作用，对交互作用进行简单斜率检验（simple slope test）。结果表明对于一般环境者来说，教师的自主支持显著地影响了学生自主动机的分数（$b = 1.19$, $t = 9.76$, $p < 0.001$）；对于良好环境者来说，教师自主支持对自主动机存在显著影响（$b = 0.72$, $t = 4.43$, $p < 0.001$）；换言之，教师自主支持对一般环境者的影响作用更大。图 4-2 直观地展示了这种交互作用的效果。

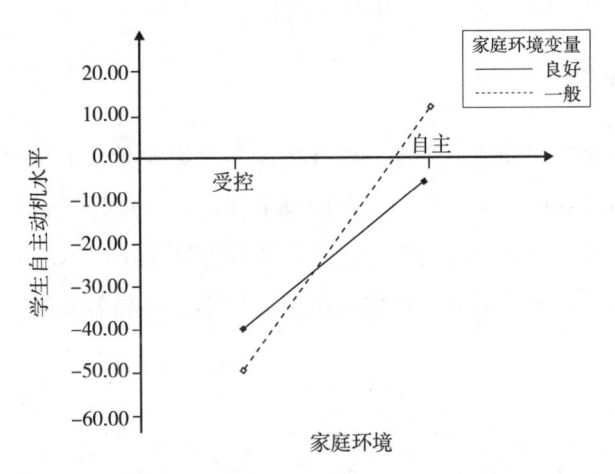

图 4-2　家庭环境变量与教师自主支持交互影响学生自主动机作用图

四、分析与讨论

本节研究使用了与第一节研究不同的方法，采用问卷调查考察真实生活情境中教师自主支持对不同家庭环境变量学生自主动机的影响，两个研究得出一致的结论：那些认为自己的家庭属于一般环境的学生，在感知到教师提供自主支持的情境时，学习的自主动机更强；而对于那些认为自己的家庭属于良好环境的学生来说，教师自主支持与学生自主动机之间的关系不显著。相对于第一节的研究来说，本研究的外部效度更高。本研究在验证了第一节研究的结论的基础上，还表明第一节研究的结果可以推广到生活情境中去。

值得注意的是，本研究中无论是良好环境还是一般环境的被试，其相对自主指数都为负数，说明动机偏向受控的一端。这可能是由于在应试教育制度的大环境下，学生很难做到真正出于自己的兴趣爱好而学习。再者，本研究的启动阅读材料描述的是学生的班主任老师，并没有局限于某一特定学科。即使已经倡导并践行了多年的素质教育，但试图让学生对每一门学科都保持浓厚的兴趣几乎是不可能的。后续研究可以针对特定学科考察变量间的关系，进一步探讨学生自主动机的分布情况。

五、小结

本研究发现，教师自主支持的环境能显著影响学生的自主动机水平，主观家庭环境变量在其中起到显著的调节作用。一般环境者在教师提供自主支持的环境下自主动机的得分显著高于控制环境下的水平。良好环境者在教师提供不同的情境下，自主动机的分数不存在显著差异。验证了本研究假设。

第五章 教师因素对不同家庭学生学习投入的影响

在前面的研究中，我们通过实验法和问卷法分别证实了这样的一个假设：教师自主支持能显著正向地影响学生的自主动机，而学生所处的家庭环境变量在其中起到了调节作用，即对于一般环境者来说，教师自主支持可以显著地正向预测学生的自主动机；而对于良好环境者来说，教师自主支持对于学生的自主动机的预测作用不显著。同时，根据前人大量的研究结论可知，学生的自主动机水平可以很好地预测学生的学习投入程度。也就是说，学生自主动机能显著正向地影响学习投入。那么，教师对学生自主支持的程度能否显著地影响学生的学习投入？而作为学生身份地位的反映，学生所处的家庭环境变量对该关系是否具有调节作用？如果存在着这样的调节作用，那么该调节效应是否是通过学生自主动机这一中介变量实现的？迄今为止，鲜有研究来直接回答这一问题。因此，本章的目的是在第四章的基础上，进一步考察教师自主支持通过学生的自主动机对处于不同家庭环境的学生学习投入的影响作用。具体来说，目的有三方面：首先，探讨教师自主支持对学生学习投入的影响；其次，考察学生所处家庭环境变量是否对该关系具有调节作用；最后，进一步检验该调节作用是否是以学生自主动机为中介变量实现的。

第四章第一节和第二节的两个研究得出了一致性结论，即教师自主支持能显著正向地影响学生的自主动机;学生所处的家庭环境变量在其中起到了调节作用,即对于一般环境者来说,教师自主支持能显著地正向影响学生的自主动机,而对于良好环境者来说,教师自主支持对于学生的自主动机的影响并不显著。结合现有研究结论以及在前人对于这一问题研究积累的基础上,我们对本章提出如下假设:教师自主支持对学生学习投入的影响,存在一个有中介的调节模型。具体来说,教师自主支持能显著地正向影响学生的学习投入,而学生所处家庭环境变量对该关系具有调节作用,该调节效应是通过学生的自主动机这一中介变量实现的。具体假设概念模型见图 5-1,其统计模型见图 5-2。本章第一节的研究将通过情境实验的方法,第二节的研究通过问卷调查,考察教师自主支持、学生自主动机和学生学习投入之间,一般环境者和优良环境者的不同效应。

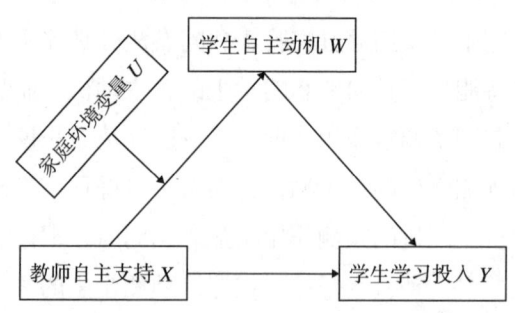

图 5-1 调节效应假设概念模型图

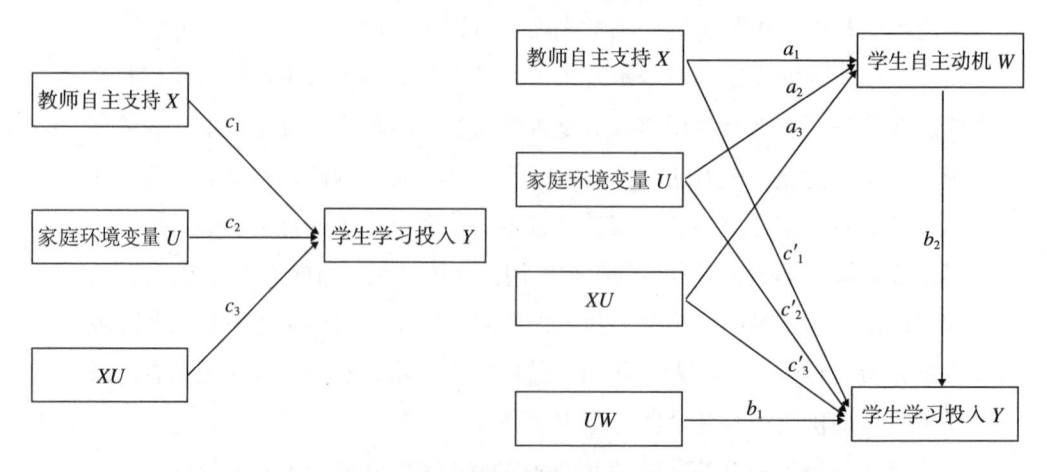

图 5-2 调节效应假设统计模型图

第一节 教师自主支持启动对不同家庭环境
学生学习投入的影响

一、研究目的与假设

本研究通过情境启动的方式操纵教师自主支持和家庭环境变量，目的在于考察教师自主支持环境对学生学习投入的影响，以及家庭环境变量在其中起到的调节作用和学生自主动机在其中起到的中介作用。通过情境启动的方式来创设一个自主的情境和受控的情境。在受控情境中，被试感受到自己的班主任经常使用指示和命令（如必须、一定）的语气，且很少倾听和接纳学生的感受和观点。而在自主情境下，被试的班主任则经常使用商量（如能不能、可以吗）的语气，并且愿意认同学生的需要、兴趣和偏好，花时间倾听和接纳学生的感受和观点。同时，通过实验操纵的方式来创设一个让被试暂时体验到自己处于良好家庭环境和一般家庭环境的不同状态。具体来说，良好环境启动组中，让被试想象他（她）自己和受教育程度最低、工作最不体面、收入最低的人相比，以诱发其暂时将自己想象为良好家庭环境者；而在一般环境启动组中，让被试想象他（她）自己和受教育程度最高、工作最体面、收入最高的人相比，以诱发其暂时将自己想象为一般家庭环境者的状态。以此来考察高低主观感受者，在不同教师自主支持环境下的自主动机水平和学习投入情况。具体来说，目的有三方面：首先，探讨教师自主支持对学生学习投入的影响；其次，考察学生的家庭环境变量是否对该关系具有调节作用；最后，检验该调节效应是否是以学生自主动机这一中介变量实现的。

同时，根据前人大量的研究结论可知，学生的自主动机水平可以很好地预测学生的学习投入程度。也就是说，学生自主动机能显著正向地影响学习投入。那么，教师对学习自主的支持程度能否显著地影响学生的学习投入？而作为学生身份地位的反映，学生所处的家庭环境变量对该关系是否具有调节作用？如果存在着这样的调节作用，那么该调节效应是否是通过学生自主动机这一中介变量实现的？迄今为止，鲜有研究来直接回答这一问题。建立在 Kraus 等人[①]的社会环境心理学基础上，可以推断教师自主支持环境对学生自主动机水平的影响，并不是对所有个体来说都是一样的，因为相对于唯我主义的良好环境者来说，情境主义的一般环境者更容易受到环境因素的影响。因此，本研究的目的是在前一章两个研究的基础上，进一步考察教师自主支持通过学生的自主动机对处于一般环境学生学习投入的影响作用。基于上述理论和研究的积累，本研究假设：教师自主支持能显著影响学生学习投入（假设1）；家庭环境变量对该关系具有调节作用（假设2）；该调节效应是通过学生自主动机这一中介变量实现的（假设3）。具体假设概念模型见图5-1，其统计模型见图5-2。

二、研究方法

（一）被试

采用分层整群抽样法，选取武汉和襄阳地区四所普通城市中学，每所学校随机选取两个班级，共300人。将无效问卷排除后，得到有效被试271人，有效回收率为90.3%。其中男生136人，占50.2%，女生129人，占47.6%，未填性别者6人，占2.2%。平均年龄为14.84岁（SD=1.74）。具体信息见表5-1。

---

① Kraus M W, Piff P K, Mendoza-Denton R, et al. Social class, solipsism, and contextualism: how the rich are different from the poor [J]. Psychol Rev, 2012, 119（3）: 546-572.

表 5-1　被试的基本信息（N=271）

变量	属性	人数	比例（%）
性别	男	136	50.2
	女	129	47.6
	缺失	6	2.2
客观家庭环境变量	国家与社会管理者	12	4.4
	经理人员	13	4.8
	私营企业主	15	5.5
	专业技术人员	25	9.2
	办事人员	42	15.5
	个体工商户	44	16.2
	商业服务业员工	22	8.1
	产业工人	36	13.3
	农业劳动者	27	10.0
	无业、失业、半失业者	25	9.2
	缺失值	10	3.7

（二）实验设计

采用两因素组间设计，操纵的自变量为教师自主支持，操纵的调节变量为被试的家庭环境变量，中介变量为学生自主动机，因变量为学生的学习投入。

（三）实验材料和程序

教师自主支持操纵。采用指导语启动的方法，通过呈现不同的阅读材料，操纵实验的两种条件。在教师自主支持的情境下，一位从事教学工作多年的老师被描述为："李老师从事教学工作多年。在教学过程中，李老师经常使用商量（如能不能、可以吗）的语气。李老师认同学生的需要、兴趣和偏好，花时间倾听和接纳学生的感受和观点，向学生解释学习任务或规章制度的原因。给学生提供选择的机会，无论是作业的内容还是完成的方式。让学生讨论解决问题的方法和策略，给学生充足的时间让他们自己决策。允许学生在学习中犯错误，给予学生重新改正错误的机会。允许学生表达对学习的不满情绪。"在控制的情境下，这位老师被描述为："李老师从事教学工作多年。在教学过程中，李老师经常使用指示和命令（如必须、一定）的语气。李老师很少倾听和接纳学生的感受和观点。经常在没给学生时间让学生表达自己的观点之前，就告诉学生获得正确答案的方法。李老师经常批评和指责犯错误的学生，并施加外部压力或威胁来促进学生学习，设置完成作业的期限。不允许学生表达出对学习的不满情绪。"

主观家庭环境变量的操纵。使用MacArthur量表测量被试对家庭环境变量的主观感受。MacArthur量表是一个10级梯图（如图3-1所示），要求被试结合自己的父母受教育程度、职业地位和收入，选出自己的家庭在梯图中的位置。得分越高表明对家庭环境变量的主观感受越高，即认为家庭环境良好。参照Adler等人[①]的做法，得分在6分以上或3分以下的被试分别属于良好环境者和一般环境者。主观一般家庭环境变量启动的具体指导语为："现在，请将你自己与位于这个梯子最顶端的人进行比较。这些人的生活境况是最优裕的，他们拥有最高的收入、最高的受教育程度、最体面的工作。请结合你自己家庭的收入、受教育程度和职业地位，思考一下你与这些人有怎样的差别。相对于这些最顶端的人，你会把自己放在梯子的哪一级？"。主观良好家庭环境变量启动的具体指导语为："现在，请将你自己与位于这个梯子最底端的人进行比较。这些人的生活境况是最糟糕的，他们拥有最低的收入、最低的受教育程度、最不体面的工作。请结合你自己家庭的收入、受教育程度和职业地位，思考一下你与这些人有怎样的差别。相对于这些最底端的人，你会把自己放在梯子的哪一级？"

阅读完指导语之后，要求被试评定自己在梯子中所处的位置（1～10级）。评定完之后，为了进一步强化主观家庭环境变量操纵的效果，通常

[①] Adler N E, Epel E S, Castellazzo G, et al. Relationship of subjective and objective social class with psychological functioning: preliminary data in healthy White women [J]. Health Psychology, 2000, 19: 586-592.

采用写作任务来激活被试与相对环境有关的心理状态[1][2]。具体做法是，让被试进一步想象他们自己正在与位于梯子最顶端或最底端的一个人进行一次交谈，并思考他们与对方之间的差别会如何影响其谈话的主题；这种交谈可能进行得怎么样；他们可能会对对方说些什么。然后要求被试围绕这些内容写几句话。

自主动机的测量。采用学习自我调节问卷进行施测。该问卷用于测量学生自主动机的水平。英文版由 Ryan 和 Connell[3] 编制，暴占光[4] 对其进行了修订。修订后的问卷共包含 30 个项目，其中外部调节项目 11 个，内摄调节项目 5 个，认同调节项目 7 个，内部调节项目（包括整合调节）7 个。经检验，各项目的因素负荷在 0.458~0.782 之间，内部一致性系数（Cronbach's α 系数）为 0.793，重测信度为 0.837，各项指标达到了问卷测验的要求。问卷反应方式采用五点计分，"完全不符合"~"完全符合"分别记 1~5 分。将各维度的得分加权求总分，最终可以得到相对自主指数。计算公式为：RAI=2×内部调节＋认同调节－内摄调节－2×外部调节。RAI 指数越高代表动机内化水平越高，意味着被试自我决定动机水平高。

学生学习投入的测量。采用 Wang 等人[5] 编制的课堂投入调查表，并对其进行修订，确保量表符合中国学生。课堂投入调查表从行为投入、情感投入、认知投入及不投入四个维度测量学生的学习投入，包含 21 个

---

[1] Anderson C, Galinsky A D. Power, optimism, and risk-taking [J]. European Journal of Social Psychology, 2006, 36: 511-536.

[2] Kraus M W, Piff P K, Keltner D. Social class, sense of control, and social explanation [J]. J Pers Soc Psychol, 2009, 97 (6): 992-1004.

[3] Ryan R M, Connell J P. Perceived locus of causality and internalization: examining reasons for acting in two domains [J]. Journal of Personality and Social Psychology, 1989, 57 (5): 749-761.

[4] 暴占光. 初中生外在学习动机内化的实验研究 [D]. 长春：东北师范大学，2006：34-38.

[5] Wang Z, Bergin C, Bergin D A. Measuring engagement in fourth to twelfth grade classrooms: the classroom engagement inventory [J]. School Psychology Quarterly, 2014, 29 (4): 517-535.

项目。对519名学生的数据进行探索性因素分析和项目分析，随后对另外471名学生的数据进行验证性因素分析。修订后的问卷包含20个项目，四个维度不变。其中"不投入"维度反向计分。模型的拟合指数分别为 χ^2 = 416.52，χ^2/df = 2.54，RMSEA = 0.05，GFI = 0.92，AGFI = 0.89，CFI = 0.93。采用Likert五点量表作为反应方式："完全不符合"~"完全符合"分别记1~5分，得分越高表明学习投入程度越高。

具体研究程序如下：把教师自主支持与学生主观家庭环境变量的操纵材料组合，产生情境实验的四种阅读材料，分别是教师自主支持/良好家庭环境，教师自主支持/一般家庭环境，教师控制/良好家庭环境与教师控制/一般家庭环境。随机分配287名参与调查的学生阅读其中的一种材料，各种实验材料的长度基本相当。实验进行时，没有告知学生所阅读的材料内容是有差别的。学生阅读完操纵材料后，完成自主动机和学习投入的问卷。采用集体施测的方法，整个施测过程都由研究者担当主试，并要求任课老师和班主任离场。

（四）统计方法

采用SPSS 17.0对数据进行统计分析，统计方法主要有描述统计、方差分析与回归分析。

三、研究结果

（一）课堂投入问卷的修订

1. 问卷的翻译

首先请两名英语专业的学生将课堂投入问卷（CEI）共同翻译成中文，然后请另一名没有接触过课堂投入问卷的心理学研究生回译为英文，确保翻译忠于原文。再咨询专家和小组讨论，确定每个题目的内容在词语表达上的准确性，以及在中国文化背景下的适用性，最终保留原量表的所有题目，确定了中文翻译稿，形成预测问卷。

在施测时，预测问卷由两个部分组成，一个部分是课堂投入问卷，包含 21 个项目，另一个部分是被试的人口学信息，包括性别、课程、年龄。调查对象为武汉和襄阳两所中学的 600 名初、高中生。对回收的问卷进行检查，剔除规律性作答及漏选题较多的问卷，得到的有效问卷为 519 份，有效回收率为 86.5%。预测被试的基本情况见表 5-2。

表 5-2 预测被试的基本情况（N=519）

变量	属性	人数	比例（%）
性别	男	300	57.8
	女	209	40.3
	缺失	10	1.9
课程	数学	130	25.0
	语文	188	36.2
	英语	63	12.1
	科学	6	1.2
	历史	1	0.2
	音乐	5	1.0
	美术	10	1.9
	其他	116	22.4
年级	初一	121	23.3
	初二	111	21.4
	初三	113	21.8
	高一	60	11.6
	高二	85	16.4
	高三	29	5.6

2. 项目分析

采用题总相关以及临界比率（critical ration，CR）作为项目区分度的指标。CR 的计算方法是：计算被试在问卷所有项目上的总得分，将被试按照总分由高到低排列，取得分前 27% 的被试（519×27% = 137 名）为高分组，后 27% 的被试为低分组，对高分组和低分组被试在每一项目上的得分进行差异检验。题总相关及 CR 分析结果如表 5-3 所示。

由表可以看出，所有项目的题总相关系数均在 0.3 以上；另外，独立样本 t 检验结果显示，高分组和低分组被试在所有项目上的得分差异均达到显著水平（$p < 0.001$），表明该问卷所有项目均具有良好的区分度。

表 5-3　题总相关及 CR 分析结果（N=519，21 个项目）

项目	题总相关	t 值	项目	题总相关	t 值
1	0.663***	−14.896***	12	0.552***	−12.862***
2	0.599***	−12.826***	13	0.529***	−12.507***
3	0.612***	−12.507***	14	0.619***	−12.894***
4	0.577***	−12.894***	15	0.539***	−9.566***
5	0.443***	−9.566***	16	0.482***	−15.690***
6	0.647***	−15.690***	17	0.516***	−14.382***
7	0.584***	−14.382***	18	0.568***	−13.342***
8	0.630***	−17.122***	19	0.674***	−15.434***
9	0.447***	−10.378***	20	0.378***	−7.989***
10	0.372***	−8.283***	21	0.467***	−10.727***
11	0.591***	−12.297***			

注：*** 代表 $p < 0.001$。

3. 探索性因素分析

采用 SPSS 17.0 对以上 21 个项目进行探索性因素分析。KMO 检验（0.903）和 Bratlett 球体检验（$p = 0.000$）表明数据适合做因素分析。采用主成分分析法提取因子，根据英文版问卷确定的四维度理论构想，设置提取 4 个因子，采用方差极大正交旋转法（varimax）进行结构分析。

修订问卷时，删除项目的标准一般包括以下几种情况：第一，在所有因子上负荷均小于 0.40 的项目；第二，具有双重负荷的项目；第三，共同度低于 0.3 的项目。由于第 21 题"我从不同渠道搜集信息，并思考如何把它们融合在一起"在两个因子上的负荷分别是 0.486 和 0.461，属于双重负荷的项目，因此将其删除。对剩下的 20 个项目重复前面的因素分析过程，得到清晰的四个维度，一共解释总变异量的 52.36%。这四个维度的项目与英文版问卷的项目非常吻合，根据项目的含义，将因素一命名为"行为投入"，因素二命名为"情感投入"，因素三命名为"认知投入"，因素四命名为"不投入"。项目修订后的因素分析结果如表 5-4 所示。

表 5-4 探索性因素分析结果（N=519，20 个项目）

项目	行为投入	情感投入	认知投入	不投入
13. 在课堂活动中，我会评价自己的观点或作业的好坏	0.474			
18. 在课程小测验中我深入思考	0.533			
3. 如果我犯了错误，我试图找到哪里出了错	0.627			
12. 对我不确定的内容，我在书本（或其他材料）里找答案	0.624			
4. 对于不懂的内容，我反复看书找答案	0.702			
19. 我问自己很多问题，以确保我自己认同这些功课对我有意义	0.679			
14. 我试图靠自己解决最困难的问题	0.675			
2. 感到开心		0.753		
6. 感到兴奋		0.674		
15. 感到有趣		0.683		
1. 感到真正融入课堂活动中		0.532		
11. 我感到愉悦（微笑、大笑、觉得有趣）		0.666		
9. 感到骄傲		0.519		
16. 将正在学习的知识与已学知识进行比较			0.658	
7. 积极参与课堂讨论			0.697	
17. 与其他同学合作，相互学习			0.713	
8. 在课堂活动中，能在头脑里提出新的问题			0.506	
5. 开小差，没有真正思考和做作业				0.755
10. 任由自己思想开小差				0.723
20. 只是假装我正在学习				0.770
特征值	3.160	2.869	2.521	1.923
累计贡献率（%）	15.80	30.145	42.748	52.364

4. 验证性因素分析

正式施测问卷包含两个部分，一个是课堂投入问卷，包含 20 个项目，采用 Likert 五点计分方法。另一个部分是关于被试人口学信息的调查，包括性别、课程、年级。调查对象为武汉和襄阳两所中学的 500 名初中生。对回收的问卷进行检查，剔除规律性作答及漏选题较多的问卷，得到的有效问卷为 471 份，有效回收率为 94.2%。正式施测被试的基本情况见表 5-5。

表 5-5　正式施测被试的基本情况（N=471）

变量	属性	人数	比例（%）
性别	男	222	57.8
	女	234	40.3
	缺失	15	1.9
课程	数学	194	41.2
	语文	60	12.7
	英语	127	27.0
	科学	7	1.5
	历史	33	7.0
	音乐	14	2.1
	美术	10	3.0
	其他	26	5.5
年级	初一	198	42.0
	初二	136	28.9
	初三	134	28.5
	缺失值	3	0.6

采用 LISREL 8.70 软件对正式施测所获得的 471 名被试的数据进行验证性因素分析，对预测数据得到的四因素模型进行验证，通过检验模型的拟合程度来考察修订后课堂投入问卷的结构效度。LISREL 8.70 输出的四因素模型如图 5-3 所示，其拟合度指标见表 5-6。

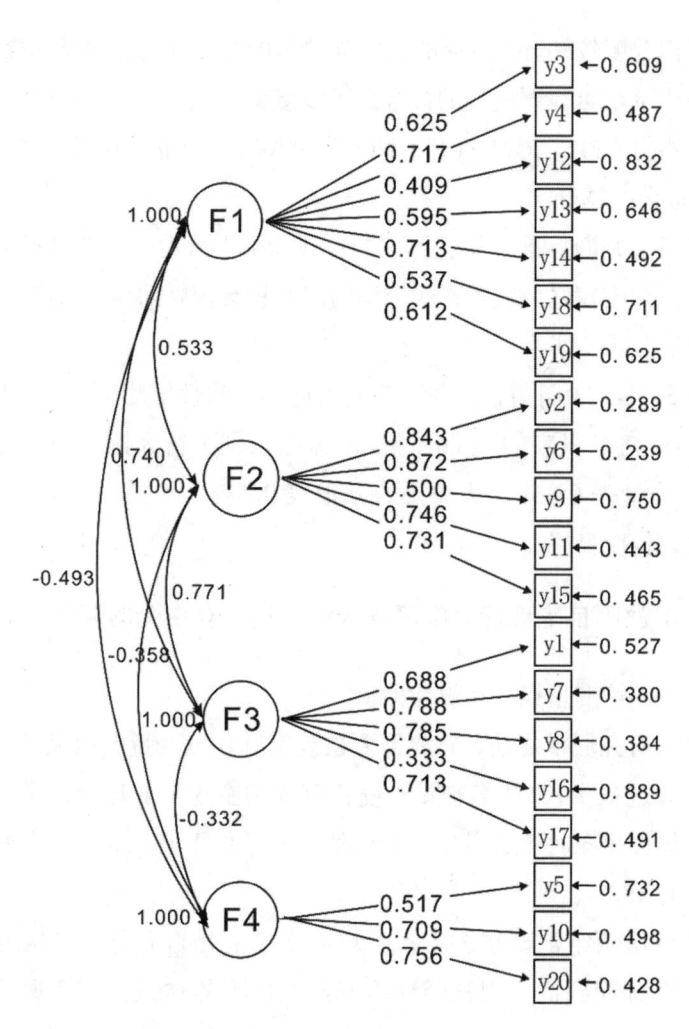

第五章 教师因素对不同家庭学生学习投入的影响

图 5-3 课堂投入问卷四因素模型图

表 5-6 模型拟合指数值（N=471，20 个项目）

拟合指数	χ^2	df	χ^2/df	GFI	NFI	CFI	AGFI	NNFI	RMSEA	SRMR
指数值	416.52	164	2.54	0.92	0.89	0.93	0.89	0.93	0.05	0.04

判断模型拟合程度常用的指标有 χ^2/df，RMSEA，GFI，AGFI，CFI 等。一般认为 χ^2/df 的值在 5 以下，表示模型可以接受，χ^2/df 值在 3 以内则认

为模型的拟合度较好。RMSEA 的取值范围在 0 到 1 之间，但越接近于 0 越好，一般认为小于 0.08 表明模型的拟合是可以接受的，在 0.05 以下时拟合较好；其他拟合指标 GFI，AGFI，CFI，NFI 等的取值范围也在 0 到 1 之间，越接近于 1，拟合度越好[1]。

根据以上判断标准，从表 5-6 的各项指标中可看出，课堂投入问卷四因素模型拟合度较好，表明正式施测的问卷具有较好的结构效度。

5. 信度分析

采用 SPSS 17.0 计算课堂投入问卷的内部一致性信度（Cronbach's α 系数）为 0.95，各分量表的 Cronbach's α 系数分别为行为投入分量表 0.794，情感投入分量表 0.869，认知投入分量表 0.747，不投入分量表 0.677，表明问卷的信度良好。

（二）教师自主支持对学习投入的影响：有中介的调节模型检验

1. 家庭环境变量操纵有效性检验

在检验研究假设之前，首先需要检验家庭环境变量的操纵是否是有效的。在实验过程中，271 名被试被随机分配到主观良好环境操纵和主观一般环境操纵两个条件下，其中一般环境变量条件下有 133 人，良好环境变量条件下有 138 人。

先考察这两组被试在客观社会环境变量上是否有差异。根据描述统计结果，在分配到低主观社会环境变量条件下的被试，其客观社会环境变量分数为 6.01（SD=2.48），分配到高主观社会环境变量条件下的被试，其客观社会环境变量分数为 6.17（SD=2.38）。方差分析结果如表 5-7 所示，二者之间的差异不显著，$F_{(1, 270)}$=0.357，$p > 0.05$。

---

[1] 侯杰泰，温忠麟，成子娟. 结构方程模型及其应用 [M]. 北京：教育科学出版社，2004：155-161.

表 5-7 不同操纵条件下客观家庭环境变量差异检验的方差分析结果（$N=271$）

变量	方差	自由度	均方	F 值	p 值	偏 η^2	$1-\beta$
主观感受操纵	2.109	1	2.109	0.357	0.551	0.001	0.091
误差	1 589.301	269	5.908				
总计	1 591.41	270					

随后检验在两种操纵条件下，被试的主观家庭环境变量上是否有差异。采用方差分析对两种主观感受操纵条件下的被试在阶梯图上的评定等级进行比较。

根据描述统计结果，被诱导产生良好环境体验的被试（即与梯子最底端的人进行比较的被试）平均得分 4.98（SD=1.859），被诱导体验一般环境的被试（即与梯子最顶端的人进行比较的被试）平均得分 4.51（SD=1.739）。方差分析结果如表 5-8 所示，可以看出，二者存在显著差异（$F_{(1, 269)}=4.776$，$p < 0.05$）。此结果表明主观社会环境变量的实验操纵改变了人们对自己所处相对阶层地位的知觉，因而是有效的。

表 5-8 主观感受操纵有效性检验的方差分析结果（$N=271$）

变量	方差	自由度	均方	F 值	p 值	偏 η^2	$1-\beta$
主观感受操纵	15.456	1	15.456	4.776	0.03	0.02	0.59
误差	870.463	269	3.236				
总计	885.919	270					

2. 教师自主支持操纵有效性检验

在本研究中，随机分配到教师自主支持操纵情境的被试 113 人，控制的操纵情境的被试 158 人。结果如表 5-9 所示，读完阅读材料后测量学生知觉到的教师自主支持具有显著差异，$F_{(1, 269)} = 13.727$，$p < 0.001$，表明对教师自主支持的操纵是有效的。

表 5-9 教师自主支持操纵有效性检验的方差分析结果（$N=271$）

变量	方差	自由度	均方	F 值	p 值	偏 η^2	$1-\beta$
教师自主支持操纵	21.263	1	21.263	13.727	0.000	0.049	0.958
误差	416.685	269	1.549				
总计	473.948	270					

3. 各变量的描述性统计

各研究变量的平均数、标准差如表 5-10 所示。

表 5-10　各变量描述性结果（N=271）

变量	M	SD	家庭环境变量	自主支持	学习投入	自主动机
家庭环境变量	0.51	0.50	1			
自主支持	0.42	0.49	0.01	1		
学习投入	68.14	13.85	−0.01	0.18**	1	
自主动机	−20.44	21.28	−0.02	0.25***	0.37***	1

注：** 代表 $p<0.01$，*** 代表 $p<0.001$。

4. 有中介的调节模型检验

对有中介的调节效应模型的检验分三步进行，分别检验三个回归方程的系数[1]。第一步，建立学习投入（Y）对自主支持（X）、家庭环境变量（U）和二者交互项（UX）的回归方程：$Y=c_0+c_1X+c_2U+c_3UX+e_1$，检验家庭环境变量的调节作用。第二步，建立自主动机（W）对自主支持、家庭环境变量和二者交互项（UX）的回归方程：$W=a_0+a_1X+a_2U+a_3UX+e_2$，检验自主动机的中介作用。第三步，建立学习投入对自主支持、家庭环境变量和二者交互项（UX）以及家庭环境变量与自主动机二者交互项（UW）的回归方程：$Y=c'_0+c'_1X+c'_2U+c'_3UX+b_1W+b_2UW+e_3$，检验有中介的调节模型是否成立。其中，第一步是整个检验程序的基础，只有当家庭环境变量（U）对学习投入（Y）的调节效应显著时，才能进行后续检验，见图 5-4。此外，参照叶宝娟等[2]在此程序上提出的方法，将自主支持、家庭环境变量、自主动机、学习投入标准化为 Z 分数，然后将相应的 Z 分数相乘产生交互作用项 UX 和 UW 的分数。

---

[1] Muller D, Judd C M, Yzerbyt V Y. When moderation is mediated and mediation is moderated [J]. Journal of Personality and Social Psychology, 2005, 89(6): 852-863.

[2] 叶宝娟, 温忠麟. 有中介的调节模型检验方法: 甄别和整合[J]. 心理学报, 2013, 45(9): 1050-1060.

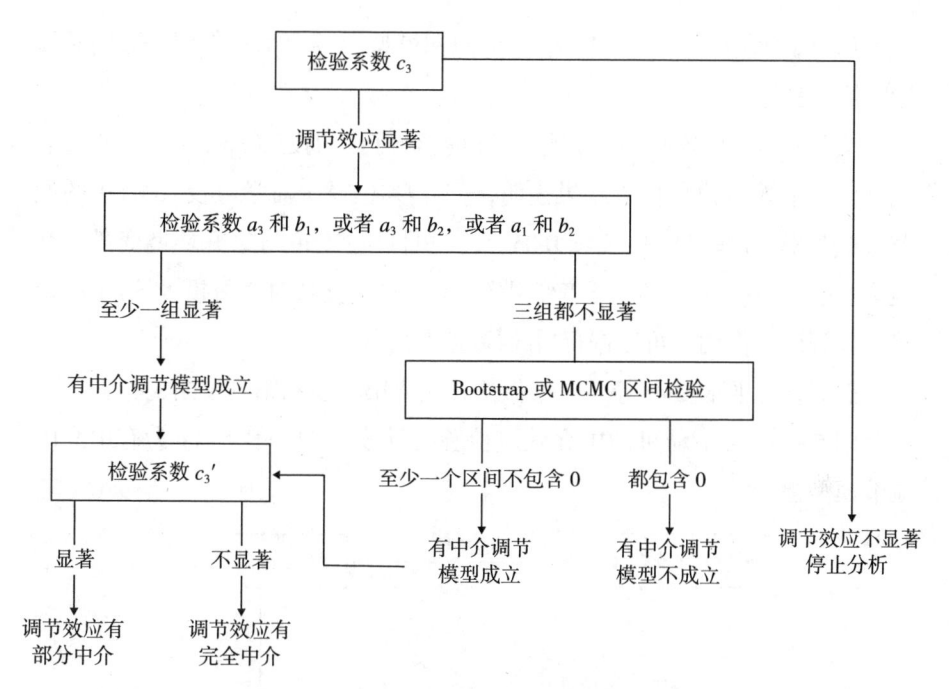

第五章 教师因素对不同家庭学生学习投入的影响

图 5-4 有中介的调节模型检验程序

下面按照上述程序，运用 Mplus7.0 对假设模型进行检验。首先，检验家庭环境变量的调节作用，结果如图 5-5 所示。

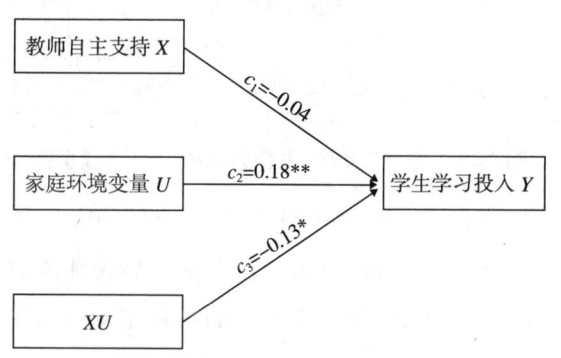

图 5-5 家庭环境变量的调节效应检验统计模型图

注：* 代表 $p < 0.05$，** 代表 $p < 0.01$。

该模型的各项指标为：$\chi^2 = 0.00$，df = 0.00，$\chi^2/\text{df} = 0.00$，CFI = 1.00，TLI = 1.00，RMSEA = 0.00，SRMR = 0.00，由于变量彼此之间的关系允许

自由估计，模型自由度为 0，模型为饱和模型。各项指标表明，数据对模型的拟合良好。

从图 5-5 可知，家庭环境变量显著正向影响了学习投入（c_2=0.18, p < 0.01）。此外，调节效应模型检验结果表明，交互项（UX）对学习投入（Y）的调节效应显著（c_3= −0.13, p < 0.05），说明自主支持与家庭环境变量交互地影响了学习投入，家庭环境变量（U）在自主支持对学习投入（Y）的影响中起到调节作用，可以进行后续检验程序。

然后，参照 Muller 等人[1]的做法，完成第二步和第三步的检验。

图 5-6 为自主动机的中介效应检验统计模型图，表 5-11 为有中介的调节模型检验。

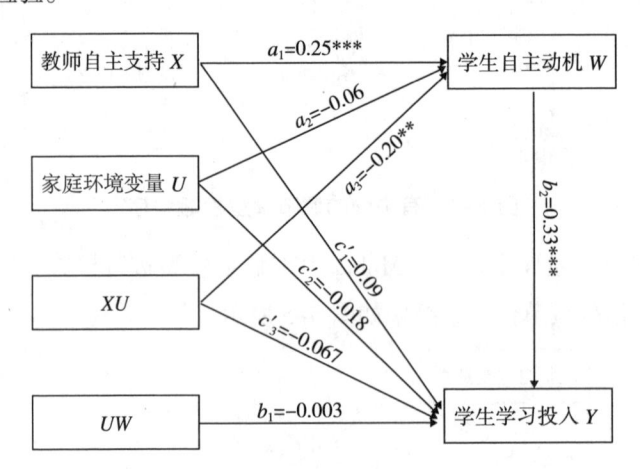

图 5-6 自主动机的中介效应检验统计模型图

注：** 代表 p < 0.01，*** 代表 p < 0.001。

从图 5-6 及表 5-11 中可以看出，自主支持显著地预测自主动机水平（a_1=0.25，t=4.32，p < 0.001），更重要的是自主支持与家庭环境变量的交互项也达到了显著水平（a_3= −0.20，t= −3.36，p < 0.01）。

---

[1] Muller D, Judd C M, Yzerbyt V Y. When moderation is mediated and mediation is moderated [J]. Journal of Personality and Social Psychology, 2005, 89（6）: 852-863.

表 5-11　有中介的调节模型检验（$N=271$）

变量	方程1（效标：学习投入）		方程2（效标：自主动机）		方程3（效标：学习投入）	
	b	t	b	t	b	t
教师自主支持	$c_1=-0.038$	-0.038	$a_1=0.251$	4.320***	$c'_1=0.094$	1.594
家庭环境变量	$c_2=0.178$	2.986**	$a_2=-0.060$	-1.020	$c'_2=-0.018$	-0.313
教师自主支持×家庭环境变量	$c_3=-0.134$	$-2.207*$	$a_3=-0.188$	$-3.362**$	$c'_3=-0.067$	-1.116
学生自主动机					$b_1=0.333$	5.300***
学生自主动机×家庭环境变量					$b_2=-0.003$	-0.046

注：* 代表 $p<0.05$，*** 代表 $p<0.001$。

从表 5-11 和图 5-6 的模型检验结果可知，在效标为学生自主动机时，教师自主支持显著地预测学生自主动机水平，更重要的是教师自主支持与家庭环境变量的交互项也达到了显著水平（a_3 显著）。为了解释交互效应的实质，使用简单斜率检验来进行简单效应分析。结果表明，对于一般环境者来说，教师自主支持显著地影响了学生自主动机的分数（$b=0.38$，$t=4.73$，$p<0.001$）；对于良好环境者来说，教师自主支持对学生自主动机的影响不显著（$b=0.08$，$t=0.88$，$p>0.05$）。教师自主支持与家庭环境变量影响学生自主动机的交互作用如图 5-7 所示。

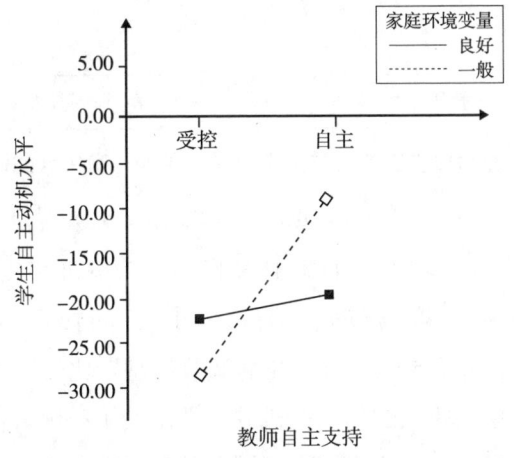

图 5-7　教师自主支持与家庭环境变量交互影响学生自主动机作用图

从表5-11的模型检验结果可知,当因变量为学习投入时,学习自主动机对学习投入具有显著的预测作用(b_1=0.333,t=5.30,$p<0.001$),而自主动机与家庭环境变量的交互作用不显著(b_2=-0.003,t=-0.046,$p>0.05$)。

综合以上分析,教师自主支持与家庭环境变量的交互项(XU)对学生学习投入(Y)的效应显著(c_3=-0.134,t=-2.207,$p<0.05$),教师自主支持与家庭环境变量的交互项(XU)对学生自主动机(W)的效应显著(a_3=-0.188,t=-3.362,$p<0.05$);学生自主动机(W)对学习投入(Y)的效应显著(b_1=0.333,t=5.30,$p<0.001$);调节项UX通过中介变量W,进而影响Y,表明有调节的中介模型成立。此时,调节项UX通过中介变量W,进而影响Y。即自主支持→自主动机→学习投入关系的前半路径受到了家庭环境变量的调节,最后,检验c'_3。从表5-11给出的结果可知,c'_3不显著(c'_3=-0.067,t=-1.116,$p>0.05$),因此调节效应有完全中介。图5-8清晰地展示了这一有中介的调节模型。

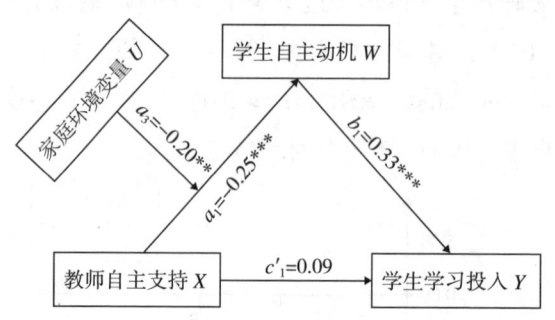

图5-8 教师自主支持对学生学习投入影响:有中介的调节模型

注:** 代表$p<0.01$,*** 代表$p<0.001$。

在自主支持对学习投入的影响过程中,家庭环境变量的调节效应c_3为-0.134,其中直接调节效应c'_3=-0.067,间接调节效应为$c_3-c'_3$=-0.067,间接效应占了50%。有中介的调节模型,比较深入地揭示了教师自主支持对学生学习投入起作用的机制,即阐明了教师自主支持发挥作用的条件,还揭示了教师自主支持在不同条件下,即对不同家庭环境的被试来说，学习投入存在差异的原因。即对于一般环境被试来说，在教师自主支持低水平的条件下，其自主动机水平较低，进而影响其学习投入。对良好环境被试来说这种效应则不显著。

四、分析与讨论

在对有中介的调节模型进行检验前，首先对学习投入的研究工具进行修订。对519名中学生施测课堂投入初测问卷，进行项目分析和探索性因素分析。英文版课堂投入问卷的21个题目都具有较好的区分度；探索性因素分析显示第21题具有多重负荷，删除后形成正式问卷。然后对471名中学生施测课堂投入正式问卷，进行验证性因素分析和信度分析。结果表明课堂投入问卷的四因素模型各项拟合指标良好，信度指标良好，适合中国中学生使用。

通过情境实验的方法，用指导语启动主观感受良好与一般和教师自主支持与控制的环境，考察了教师自主支持对不同家庭环境学生的自主动机水平的影响，以及对学生学习投入带来的影响。本研究是第一次尝试将社会环境心理学关于不同环境者对环境的认知差异[1][2]用于个体的自主学习领域的研究，为丰富社会环境心理学的理论提供了实证证据。

本研究结果表明，在感知的教师自主支持与初中生学习投入之间存在较强的显著正相关，验证了假设1。此外，这与以往的研究是一致的。这表明学生感知到的自主支持越多，就越投入，两者有密切关联。教师的自主支持可以满足个体的基本心理需求，感知到老师更多自主支持和温暖的

---

[1] Johnson W, Krueger R F. Higher perceived life control decreases genetic variance in physical health: evidence from a national twin study [J]. Journal of Personality and Social Psychology, 2005, 88(1): 165-173.

[2] Kraus M W, Piff P K, Mendoza-Denton R, et al. Social class, solipsism, and contextualism: how the rich are different from the poor [J]. Psychol Rev, 2012, 119(3): 546-572.

学生，有更强的能力感和更高的自尊[1]。当个体感受到社会背景支持自己的这些心理需求时，就会表现出投入[2]。

在证实了感知教师自主支持与学生的学习投入之间存在正相关后，继续考察自主动机的中介作用。结果发现，学生的自主动机在自变量与因变量之间起部分中介作用。具体来说，感知到教师自主支持的学生，自主动机水平增加，进而产生更多的学习投入。同时，感知到教师的自主支持也能直接促进学生的学习投入，验证了本研究的假设2。已有的研究也得到了类似的结论。Vansteenkiste等人[3]在对准教师、大学生和高中生被试所做的一系列研究中发现，教师提供内部目标并辅以自主支持的学习氛围，被试将会更认真投入学习活动中，被试的自主动机在其中起到部分中介作用。教师提供自主支持的环境，学生的各种学习探索活动不受"必须""应该"的束缚，这时个体会觉得自己的行为是自我决定的，对学习的好奇心免于干扰，挑战欲也更强，持续投入学习活动中[4]。

当学生感知到教师的自主支持时，是否产生更多的自主动机以及是否更加投入地学习，主观家庭环境变量可能是一种重要的影响源。具体表现是，对于主观一般环境的学生来说，感知教师的自主支持能显著地影响其自主动机的分数；而对于主观良好环境者来说，自主动机受教师自主支持的影响并不显著。不同主观感受的学生，学习动机的自主程度不同，进而

---

[1] Ryan R M, Grolnick W S. Origins and paws in the classroom: self-report and projective assessments of individual differences in children's perceptions [J]. Journal of Personality and Social Psychology, 1986, 50: 550-558.

[2] Deci E L, Eghrari H, Patrick B C, et al. Facilitating internalization: the self-determination theory perspective [J]. Journal of Personality, 1994, 62: 119-142.

[3] Vansteenkiste M, Simons J, Lens W, et al. Motivating learning, performance, and persistence: the synergistic effects of intrinsic goal contents and autonomy-supportive contexts [J]. Journal of Personality and Social Psychology, 2004, 87（2）: 246-260.

[4] Deci E L, Ryan R M. The "what" and "why" of goal pursuits: human needs and the self-determination of behavior [J]. Psychological Inquiry, 2000, 11（4）: 227-268.

导致其学习投入程度不同,在学业表现上产生差异,验证了本研究的假设3。

社会环境心理学的研究发现,客观的物质资源和主观的社会地位导致了良好环境者和一般环境者在认知、情感和行为上存在巨大的差异。一般环境者需要面临沉重的生活压力和不时的安全威胁,长此以往导致其对生活的控制感下降[①]。由于缺乏个人控制感,一般环境者比良好环境者更加关注周围的背景信息,因而更强调外在的情境因素对行为的影响[②]。为了维持控制感,良好环境者对行为或事情倾向于作出个人内部归因,而一般环境者更倾向于作出外部情境归因[③]。所以,相对于唯我主义的良好环境者来说,情境主义的一般环境者更容易受到环境因素的影响。这与本研究的发现是一致的:一般环境者更依赖于教师的自主支持。此外,良好环境的家庭更有可能为子女提供较好的学习条件与物质激励,而一般环境家庭的个体则缺乏优质的教育机会,在教育资源与教育经验的获取上也相对不足。研究者发现,以学业自我效能为中介,家庭收入可以显著预测学生的学习投入[④]。对主观家庭环境变量调节作用的分析,深入揭示了教师自主支持发挥作用的条件,对于不同主观家庭环境变量的学生来说,学习投入是存在差异的。

---

① Christie A M, Barling J. Disentangling the indirect links between SES and health: the dynamic roles of work stressors and personal control [J]. Journal of Applied Psychology, 2009, 94: 1466-1478.

② Kraus M W, Piff P K, Keltner D. Social class, sense of control, and social explanation [J]. J Pers Soc Psychol, 2009, 97 (6): 992-1004.

③ Grossmann I, Varnum M E W. Social class, culture, and cognition [J]. Social Psychological and Personality Science, 2011, 2: 81-89.

④ 石雷山,陈英敏,侯秀,等. 家庭社会经济地位与学习投入的关系:学业自我效能的中介作用 [J]. 心理发展与教育, 2013, 1: 71-78.

五、小结

本研究发现：感知教师自主支持与初中生的学习投入之间存在显著正相关；自主动机在感知教师自主支持与初中生的学习投入之间起部分中介作用；主观家庭环境变量在感知教师自主支持影响初中生自主动机，进而影响其学习投入的过程中起到中介的调节作用。验证了研究假设。

第二节 教师自主支持对不同家庭环境学生学习投入的影响

在第四章中，我们通过实验法和问卷法分别证实了这样的一个假设：教师自主支持能显著正向地影响学生的自主动机；而学生所处的家庭环境变量在其中起到了调节作用，即对于一般环境者来说，教师自主支持可以显著地正向预测学生的自主动机，而对于良好环境者来说，教师自主支持对于学生的自主动机的预测作用不显著。而在本章第一节的研究中，我们进一步考察了教师的自主支持水平对学生学习投入的影响，以及学生所处家庭环境变量的调节作用和学生自主动机水平的中介作用。这揭示出教师自主支持对于不同家庭环境变量学生的影响，不仅在自主动机上表现出差异，而且这种自主动机上的差异还会进一步影响到学生对于学习的投入程度。不过，该研究是以实验启动的方法，暂时诱发被试体验到自己处于良好环境或者一般环境的心理状态。那么，如果我们考察被试非启动状态时的主观家庭环境变量水平，并以此作为调节变量的话，我们仍然想了解：教师对学习自主的支持程度能否显著地影响学生的学习投入？学生的主观家庭环境变量对该关系是否具有调节作用？如果存在着这样的调节作用，那么该调节效应是否也是通过学生自主动机这一中介变量实现的？因此，本节的研究目的是在之前三个研究的基础上，进一步考察教师自主支持通过影响学生的自主动机对主观一般环境的学生学习投入的影响作用。具体来说，目的有三方面：首先，探讨教师自主支持对学生学习投入的影响；

其次，考察学生的主观家庭环境变量是否对该关系具有调节作用；第三，进一步检验该调节效应是否是以学生自主动机这一中介变量实现的。

第四章的两个研究所得出的一致性结论，即教师自主支持能显著正向地影响学生的自主动机；学生所处的家庭环境变量在其中起到了调节作用，即对于一般环境者来说，教师自主支持能显著地正向影响学生的自主动机；而对于良好环境者来说，教师自主支持对于学生的自主动机的影响并不显著。而本章第一节的研究进一步说明了，教师自主支持对学生学习投入的影响，存在一个有中介的调节模型。具体来说，教师自主支持能显著地正向影响学生的学习投入，而学生所处家庭环境变量对该关系具有调节作用，该调节效应是通过影响学生的自主动机这一中介变量实现的。结合现有研究结论以及在前人对于这一问题研究积累的基础上，我们对本节的研究提出如下假设：学生自我感知到的主观家庭环境变量水平可以调节教师自主支持影响学生的学习投入水平这一效应，而这种调节作用是通过主观家庭环境变量水平调节教师自主支持与学生自主动机的关系而实现的。具体来说，教师自主支持能显著地正向影响学生的学习投入，而学生所处家庭环境变量对该关系具有调节作用，该调节效应是通过影响学生的自主动机这一中介变量实现的。本节的研究通过问卷调查的方式，来进一步考察教师自主支持、学生自主动机和学生学习投入之间，处于良好环境和一般环境的不同效应。

一、研究目的与假设

本研究通过问卷测量的方式来让被试以自陈式报告的方式，测量其主观家庭环境变量，并考察感知自己的家庭处于良好环境和一般环境的被试，其教师自主支持、自主动机水平和学习投入情况。具体来说，目的有三方面：首先，探讨教师自主支持对学生学习投入的影响；其次，考察学生的主观家庭环境变量是否对该关系具有调节作用；最后，检验该调节效应是否是以影响学生自主动机这一中介变量实现的。

同时，根据前人大量的研究结论可知，学生的自主动机水平可以很好地预测学生的学习投入程度。也就是说，自主动机能显著正向地影响学习投入。那么，教师对学生学习自主的支持程度能否显著地影响学生的学习投入？而作为学生身份地位的反映，学生所处的家庭环境变量对该关系是否具有调节作用？如果存在着这样的调节作用，那么该调节效应是否是通过影响学生自主动机这一中介变量实现的？这些问题在上一节的研究中，已经得到了一定的支持。但是实验启动只能诱发被试暂时的状态，来解释因果关系，却不能很好地代表现实生活中不同环境者的不同效应，因此，本节研究的目的是在上一个研究的基础上，进一步通过问卷法考察教师自主支持通过影响学生的自主动机对处于主观一般环境的学生学习投入的影响作用。基于上述理论和研究的积累，本研究假设：教师自主支持能显著影响学生学习投入（假设1）；主观家庭环境变量对该关系具有调节作用（假设2）；该调节效应是通过影响学生自主动机这一中介变量实现的（假设3）。具体假设概念模型见图5-1，其统计模型见5-2。

二、研究方法

（一）被试

采用分层整群抽样法，选取武汉和襄阳地区六所中学的17个班级，发放问卷1 300份，将反应倾向明显（连续5题选择同一答案或者答案呈蛇形排列）的问卷排除后，得到有效被试1 211人，其中，男生529人，女生682人。再将被试按照主观家庭环境变量得分的高低排序，筛选出主观家庭环境变量得分在3分以下的被试374人（男生158人、女生216人），年龄为14.05（SD = 1.78）岁；主观家庭环境变量得分在6分以上的被试117人（男生67人、女生50人），年龄为14.46岁（SD = 1.55）。被试的基本信息见表5-12。

表 5-12　被试的基本信息（N=491）

变量	属性	人数	比例（%）
性别	男	225	45.8
	女	266	54.2
主观家庭环境变量	1	84	17.1
	2	125	25.5
	3	165	33.6
	7	45	9.2
	8	41	8.4
	9	21	4.3
	10	10	2.0

（二）研究设计

研究采用问卷法，用培训好的主试对上述被试进行施测并集中回收数据，研究设计中的自变量为教师自主支持，调节变量为学生的主观家庭环境变量水平，因变量为学生的学习投入，中介变量为学生自主动机。

（三）研究材料和程序

教师自主支持的测量如下。使用 Williams 和 Deci[①] 编制的学习氛围问卷（LCQ）。陈艳对问卷进行了修订，使其更符合中国的青少年学生。修订后的问卷有 13 个项目，内部一致性系数（Cronbach's α 系数）为 0.876，重测信度为 0.834。采用 Likert 五点量表作为计分方式："完全不符合"~"完全符合"分别记 1~5 分，得分越高表明自主支持程度越高。

主观家庭环境变量的测量如下。对主观家庭环境变量进行测量，最有代表性的测量工具是主观 MacArthur 量表。它是一个 10 级阶梯量表，代表了具有不同水平收入、教育程度和职业声望的人所处的位置。给被试呈现这张梯子图片，被试想象一下这个梯子代表了人们在社会中所处的位置，

[①] Williams G C, Deci E L. Internalization of bio-psychosocial values by medical students: a test of self-determination theory [J]. Journal of Personality and Social Psychology, 1996（70）: 767-779.

分数越高，表示其所处的社会环境相对较好。接着告知被试梯子最顶端的人所处的社会环境最好，这些人的生活境况是最优裕的，他们的收入最高、受教育程度最高、工作最体面；梯子最底端的人所处的社会环境相对较差，这些人的生活境况是最糟糕的，他们的收入最低、受教育程度最低、工作最不体面。最后请被试结合自己家庭的收入、父母受教育程度和职业地位，标记出被试感知到的自己在梯图所处的位置。MacArthur量表具有较好的信度指标，间隔6个月的重测信度为0.62[①]。

学生自主动机的测量如下。采用学习自我调节问卷（SRQ-A）进行施测，该问卷用于测量学生自主动机的水平。英文版由Ryan编制[②]，暴占光[③]对其进行了修订。修订后的问卷共包含30个项目，其中外部调节项目11个，内摄调节项目5个，认同调节项目7个，内部调节项目（包括整合调节）7个。经检验，各项目的因素负荷在0.458~0.782之间，内部一致性系数（Cronbach's α 系数）为0.793，重测信度为0.837，各项指标达到了问卷测验的要求。问卷反应方式采用五点计分："完全不符合"~"完全符合"分别记1~5分。将各维度的得分加权求总分，最终可以得到相对自主指数（RAI）。计算公式为：RAI=2×内部调节+认同调节-内摄调节-2×外部调节。RAI指数越高代表动机内化水平越高，意味着被试自我决定动机水平高。

学生学习投入的测量如下。采用Wang等人[④]编制的课堂投入调查表

---

① Adler N E, Epel E S, Castellazzo G, et al. Relationship of subjective and objective social class with psychological functioning: Preliminary data in healthy White women [J]. Health Psychology, 2000, 19: 586–592.

② Ryan R M, Connell J P. Perceived locus of causality and internalization: examining reasons for acting in two domains [J]. Journal of Personality and Social Psychology, 1989, 57 (5): 749–761.

③ 暴占光. 初中生外在学习动机内化的实验研究 [D]. 长春：东北师范大学，2006：34–38.

④ Wang Z, Bergin C, Bergin D A. Measuring engagement in fourth to twelfth grade classrooms: the classroom engagement inventory [J]. School Psychology Quarterly, 2014, 29 (4): 517–535.

（CEI），并对其进行修订，确保量表符合中国学生。课堂投入调查表从行为投入、情感投入、认知投入及不投入四个维度测量学生的学习投入，包含 21 个项目。对 519 名学生的数据进行探索性因素分析和项目分析，随后对另外 471 名学生的数据进行验证性因素分析。修订后的问卷包含 20 个项目、四个维度不变。其中，"不投入"维度反向计分。模型的拟合指数分别为 χ^2 = 416.52，χ^2/df = 2.54，RMSEA = 0.05，GFI = 0.92，AGFI = 0.89，CFI = 0.93。采用 Likert 五点量表作为反应方式："完全不符合" ~ "完全符合"分别记 1 ~ 5 分，得分越高表明学习投入程度越高。

施测程序：采用集体施测的方法，整个施测过程都由研究者担当主试，并要求任课老师和班主任离场。由于核心变量的测量都是用问卷实现的，为了避免因此而带来的共同方法偏差，在调查中采用匿名测查的方法，并且平衡了问卷题目的顺序。此外，考虑到问卷项目偏多，还须进行共同方法偏差的检验。

（四）统计方法

采用 SPSS 17.0 对数据进行统计分析，统计方法主要有描述统计、方差分析与回归分析。

三、研究结果

（一）验证性因素分析及共同方法偏差检验

本研究中采用问卷调查，且多个变量的数据是由同一个被试提供的，有可能存在共同方法偏差效应[1][2]。为避免共同方法偏差对研究结果的

---

[1] Podsakoff P M, MacKenzie S B, Lee J Y, et al. Common Method Biases in Behavioral Research: A Critical Review of the Literature and Recommended Remedies [J]. Journal of Applied Psychology, 2003, 88: 879-903.

[2] 周浩，龙立荣. 共同方法偏差的统计检验与控制方法[J]. 心理科学进展, 2004, 12(6): 942-950.

影响，在变量的测量方面采用匿名问卷测量、变更测量问卷顺序、分离施测时间等进行共同方法偏差效应的程序控制。除此之外，本研究使用 LISREL8.70 软件对教师自主支持、学生自主动机、学习投入、主观阶层 4 个构念进行验证性因素分析，并将拟合指数与另外几个模型进行比较。验证性因素分析结果见表 5-13，从中可知，4 因素模型各拟合指数均达到了推荐的标准[1]，且明显地优于其他备选模型，证明了这 4 个变量确实是 4 个不同的构念。

表 5-13 单因素模型、两、三、四因素模型拟合指数的比较（N=491）

模型	χ^2	df	χ^2/df	RMSEA	SRMR	GFI	CFI	IFI	NFI
单因素模型	10 926.76	2 015	5.42	0.17	0.095	0.44	0.58	0.58	0.55
两因素模型	10 305.17	2 014	5.12	0.13	0.094	0.45	0.76	0.76	0.72
三因素模型	8 262.66	1 949	4.24	0.11	0.084	0.55	0.96	0.96	0.95
四因素模型	8 337.98	2 009	4.15	0.11	0.084	0.55	0.96	0.96	0.95

注：单因素模型，指所有项目负荷在一个因子上；两因素模型，教师自主支持+学习投入，学生自主动机+家庭环境变量；三因素模型，教师自主支持+学习投入+家庭环境变量，学生自主动机；四因素模型，项目负荷在各自的理论维度上。

（二）各变量的描述性统计

各研究变量的平均数、标准差和相关矩阵如表 5-14 所示，表中均值表示被试在各个量表或问卷上的平均得分。教师自主支持、家庭环境变量、学生自主动机与学习投入显著正相关，表明它们都是学习投入的预测因素。教师自主支持与学生自主动机显著正相关，表明教师自主支持可能是学生自主动机的预测因素。家庭环境变量与学生自主动机相关不显著，说明自变量和调节变量具有相对独立性，适合后续的调节效应检验[2]。

---

[1] 侯杰泰，温忠麟，成子娟. 结构方程模型及其应用［M］. 北京：教育科学出版社，2004：154-165.

[2] 温忠麟，侯杰泰，张雷. 调节效应和中介效应的比较和应用［J］. 心理学报，2005，37（2）：268-274.

表 5-14　各变量描述性结果（N=491）

变量	M	SD	教师自主支持	家庭环境变量	学生自主动机	学生学习投入
教师自主支持	49.55	12.88	1			
家庭环境变量	0.24	0.43	0.27***	1		
学生自主动机	−14.33	22.80	0.33***	0.01	1	
学生学习投入	70.21	17.39	0.80***	0.28***	0.40***	1

注：*** 代表 $p < 0.001$。

（三）教师自主支持对学习投入的影响：有中介的调节模型检验

对有中介的调节效应模型的检验分三步进行，分别检验三个回归方程的系数[1]。第一步，建立学习投入（Y）对自主支持（X）、家庭环境变量（U）和两者交互项（UX）的回归方程：$Y=c_0+c_1X+c_2U+c_3UX+e_1$，检验家庭环境变量的调节作用。第二步，建立自主动机（W）对自主支持、家庭环境变量和两者交互项（UX）的回归方程：$W=a_0+a_1X+a_2U+a_3UX+e_2$，检验自主动机的中介作用。第三步，建立学习投入对自主支持、家庭环境变量和两者交互项（UX）以及家庭环境变量与自主动机两者交互项（UW）的回归方程：$Y=c'_0+c'_1X+c'_2U+c'_3UX+b_1W+b_2UW+e_3$，检验有中介的调节模型是否成立。其中，第一步是整个检验程序的基础，只有当家庭环境变量（U）对学习投入（Y）的调节效应显著时，才能进行后续检验。此外，参照叶宝娟，[2] 在此程序上提出的方法，将自主支持、家庭环境变量、自主动机、学习投入标准化为 Z 分数，然后将相应的 Z 分数相乘产生交互作用项 UX 和 UW 的分数。

---

[1] Muller D, Judd C M, Yzerbyt V Y. When moderation is mediated and mediation is moderated [J]. Journal of Personality and Social Psychology, 2005, 89（6）：852–863.

[2] 叶宝娟, 温忠麟. 有中介的调节模型检验方法：甄别和整合[J]. 心理学报, 2013, 45（9）：1050–1060.

下面按照上述程序，运用Mplus7.0对假设模型进行检验。首先，检验家庭环境变量的调节作用，结果如图5-9所示。

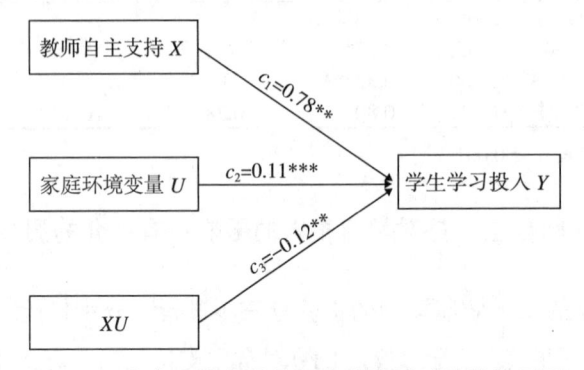

图5-9 家庭环境变量的调节效应检验统计模型图

注：** 代表 $p < 0.01$，*** 代表 $p < 0.001$。

该模型的各项指标为：χ^2=0.00，df=0.00，χ^2/df=0.00，CFI=1.00，TLI=1.00，RMSEA=0.00，SRMR=0.00，由于变量彼此之间关系允许自由估计，模型自由度为0，模型为饱和模型。各项指标表明，数据对模型的拟合良好。

从图5-9可知，教师自主支持显著正向影响了学习投入（c_1= 0.78，$p < 0.01$），验证了本研究假设1。更重要的是，调节效应模型检验结果表明，交互项（UX）对学习投入（Y）的调节效应显著（c_3= -0.12，$p < 0.01$），说明教师自主支持与家庭环境变量交互地影响了学习投入，家庭环境变量（U）在教师自主支持对学习投入（Y）影响中起到调节作用，可以进行后续检验程序。

图5-10更清晰地展示了这种交互作用的结果。为了解释交互效应的实质，使用简单斜率检验来进行简单效应分析。结果表明，对于良好环境者来说，教师自主支持对目标达成的影响不显著（b=0.56，t=9.37，$p < 0.001$）；而对于一般环境者来说，教师自主支持更显著地影响了目标达成（b=0.85，t=27.38，$p < 0.001$）；验证了本研究假设2。

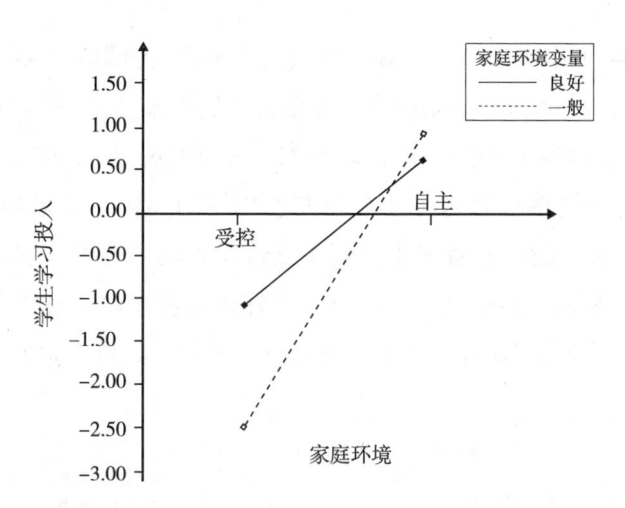

图 5-10　家庭环境变量与教师自主支持交互影响学生学习投入作用图

然后，参照 Muller 等人[1]的做法，完成第二步和第三步的检验。

检验模型如图 5-11 所示。该模型的各项指标为：χ^2=10.01，df=9，CFI=0.98，TLI=0.90，SRMR=0.025，表明数据对模型的拟合良好。

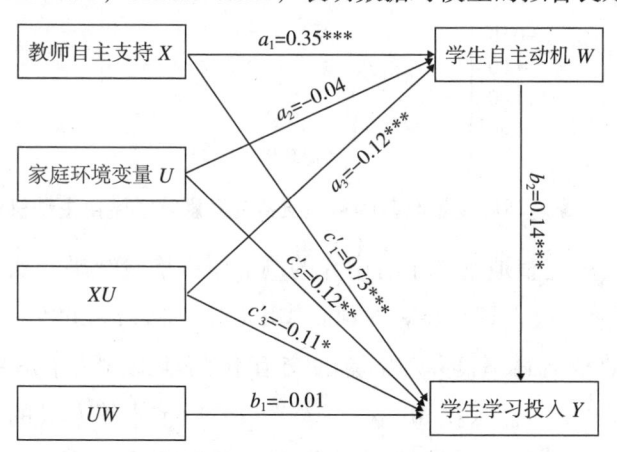

图 5-11　学生自主动机的中介效应检验统计模型图

注：** 代表 $p<0.01$，*** 代表 $p<0.001$。

---

[1] Muller D, Judd C M, Yzerbyt V Y. When moderation is mediated and mediation is moderated [J]. Journal of Personality and Social Psychology, 2005, 89（6）: 852-863.

从图 5-11 中可以看出，教师自主支持显著地预测学生自主动机水平（a_1=0.35，t=7.786，$p < 0.001$），更重要的是教师自主支持与社会环境变量的交互项也达到了显著水平（a_3=-0.12，t=-3.166，$p < 0.001$）。

使用简单斜率检验进一步分析交互作用的实质，结果如图 5-12 所示。说明对于一般环境者来说，自主支持显著地影响了自主动机的分数（b=0.41，t=8.34，$p < 0.001$）；对于良好环境者来说，自主支持对自主动机的影响不显著（b=0.13，t=1.39，$p > 0.05$）。再次验证了研究一的结论。

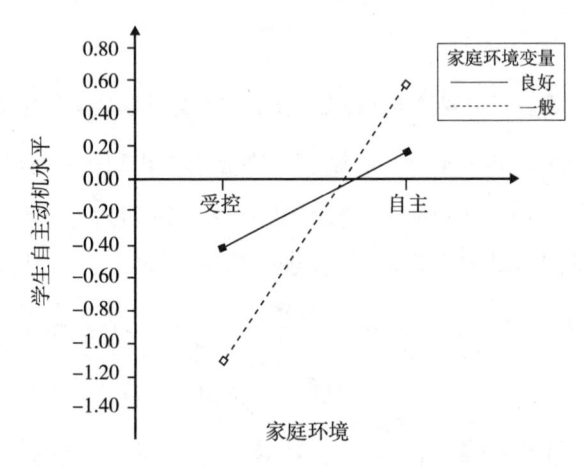

图 5-12 家庭环境变量与教师自主支持交互影响学生自主动机作用图

表 5-15 更完整地呈现了有中介的调节模型检验结果。从表中可知，自主动机对学习投入具有显著的预测作用（b_1=0.14，t=4.685，$p < 0.001$），学生自主动机与家庭环境变量的交互作用不显著（b_2=-0.01，t=-0.045，$p > 0.05$）。根据 Muller 等人[1]以及叶宝娟等人[2]的观点可知，当教师自主支持与家庭环境变量的交互项显著影响了学习投入（a_3=

---

[1] Muller D, Judd C M, Yzerbyt V Y. When moderation is mediated and mediation is moderated [J]. Journal of Personality and Social Psychology, 2005, 89（6）：852-863.

[2] 叶宝娟，温忠麟. 有中介的调节模型检验方法：甄别和整合 [J]. 心理学报，2013，45（9）：1050-1060.

−0.12，$t=-3.166$，$p < 0.01$），而学生自主动机显著地影响了学习投入（$b_1=0.14$，$t=4.685$，$p < 0.001$）时，表明有调节的中介模型成立。此时，调节项 UX 通过中介变量 W，进而影响 Y。即教师自主支持—学生自主动机—学习投入关系的前半路径受到了家庭环境变量的调节。接着，检验 c'_3。从表 5-15 给出的结果可知，c'_3 显著（$c'_3 = -0.11$，$t = -2.186$，$p < 0.05$），因此调节效应有部分中介，验证了本研究假设 3。图 5-13 清晰地展示了这一有中介的调节模型。

表 5-15 有中介的调节模型检验结果（$N=491$）

变量	方程1（校标：学习投入） b	t	方程2（校标：自主动机） b	t	方程3（校标：学习投入） b	t
教师自主支持	$c_1=0.78$	28.308**	$a_1=0.35$	7.786***	$c'_1=0.73$	21.021***
家庭环境变量	$c_2=0.11$	3.833***	$a_2=-0.039$	−0.949	$c'_2=0.12$	2.836**
教师自主支持×家庭环境变量	$c_3=-0.12$	−4.358**	$a_3=-0.12$	−3.166***	$c'_3=-0.11$	−2.186*
学生自主动机					$b_1=0.14$	4.685***
学生自主动机×家庭环境变量					$b_2=-0.01$	−0.045

注：* 代表 $p < 0.05$，** 代表 $p < 0.01$，*** 代表 $p < 0.001$。

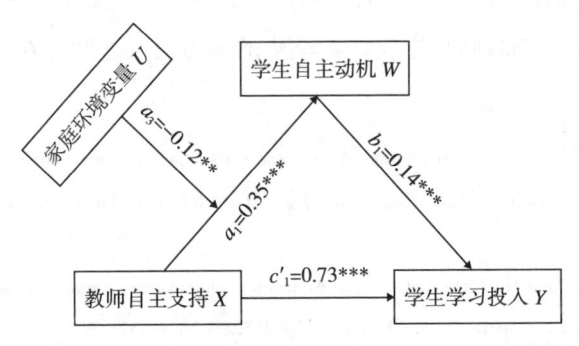

图 5-13 教师自主支持对学习投入影响的有中介的调节模型

注：*** 代表 $p < 0.001$。

在教师自主支持对学习投入的影响过程中，家庭环境变量的调节效应 c_3 为 −0.12，其中直接调节效应 $c'_3 = -0.11$，间接调节效应为 $c_3-c'_3=-0.01$，间接效应占了 8.33%。有中介的调节模型，比较深入地揭示了教师自主支持对学习投入起作用的机制，即阐明了教师自主支持发挥作用的条件，还揭示了教师自主支持在不同条件下，即对不同家庭环境的被试来说，学习投入存在差异的原因。

四、分析与讨论

通过问卷调查的方法，考查了教师自主支持对不同家庭环境变量的被试自主动机水平的影响，进而对学习投入的影响。研究结果表明，在感知的教师自主支持与初中生学习投入之间存在显著正相关（$r=0.80$，$p<0.001$），这与以往的研究是一致的，同时验证了假设 1。Skinner 等人[1]曾报告，在学生感知到的教师自主支持与学生自我报告的行为投入之间，相关系数达到 0.60（$p<0.001$）；Reeve 等人[2]也发现，在研究第二阶段观察到的教师自主支持与学生的任务投入之间相关达到 0.75（$p<0.01$）。这表明学生感知到的自主支持越多，就越投入，两者有密切关联。教师的自主支持可以满足个体的基本心理需求，感知到老师更多自主支持和温暖的学生，有更强的能力感和更高的自尊[3]。当个体感受到社会背景支持自己的这些心理需求时，就会表现出投入[4]。

在证实了感知教师自主支持与学生的学习投入之间存在正相关后，继

---

[1] Skinner E A, Belmont M J. Motivation in the classroom: Reciprocaleffect of teacher behavior and student engagement across the school year [J]. Journalof Educational Psychology, 1993, 85: 571-581.

[2] Reeve J, Jang H, Carrell D, et al. Enhancing students' engagement by increasing teachers' autonomy support [J]. Motivation and Emotion, 2004, 28（2）: 147-169.

[3] Ryan R M, Grolnick W S. Origins and paws in the classroom: Self-report and projective assessments of individual differences in children's perceptions [J]. Journal of Personality and Social Psychology, 1986, 50: 550-558.

[4] Deci E L, Eghrari H, Patrick B C, et al. Facilitating internalization: The self-determination theory perspective [J]. Journal of Personality, 1994, 62: 119-142.

续考查学生自主动机的中介作用。结果发现，学生的自主动机在自变量与因变量之间起部分中介作用。具体来说，感知到教师自主支持的学生，自主动机水平增加，进而产生更多的学习投入。同时，感知到教师的自主支持也能直接促进学生的学习投入，验证了假设2。已有的研究也得到了类似的结论。Vansteenkiste 等人[1]在对准教师、大学生和高中生被试所做的一系列研究中发现，教师提供内部目标并辅以自主支持的学习氛围，被试将会更认真投入学习活动中，被试的自主动机在其中起到部分中介作用。教师提供自主支持的环境，学生的各种学习探索活动不受"必须""应该"的束缚，这时个体会觉得自己的行为是自我决定的，对学习的好奇心免于干扰，挑战欲也更强，持续投入学习活动中[2]。

本研究发现，当学生感知到教师的自主支持时，是否产生更多的自主动机以及是否更加投入地学习，主观家庭环境变量可能是一种重要的影响源。具体表现是，对于主观一般环境的学生来说，感知教师的自主支持显著地影响其自主动机的分数；而对于主观良好环境者来说，自主动机受教师自主支持的影响并不显著。不同家庭的学生学习动机的自主程度不同，进而导致其学习投入程度不同，在学业表现上产生差异，验证了假设3。

社会环境心理学的研究发现，客观的物质资源和主观感受导致了不同环境的个体在认知、情感和行为上存在巨大的差异。一般环境者面临沉重的生活压力和不时的安全威胁，长此以往导致其对生活的控制感下降[3]。

---

[1] Vansteenkiste M, Simons J, Lens W, et al. Motivating Learning, Performance, and Persistence: the Synergistic Effects of Intrinsic Goal Contents and Autonomy-Supportive Contexts [J]. Journal of Personality and Social Psychology, 2004, 87 (2): 246-260.

[2] Deci E L, Ryan R M. The "what" and "why" of goal pursuits: Human needs and the self-determination of behavior [J]. Psychological Inquiry, 2000, 11 (4): 227-268.

[3] Christie A M, Barling J. Disentangling the indirect links between SES and health: the dynamic roles of work stressors and personal control [J]. Journal of Applied Psychology, 2009, 94: 1466-1478.

由于缺乏个人控制感，一般环境者比良好环境者更加关注周围的背景信息，因而更强调外在的情境因素对行为的影响[1]。为了维持控制感，良好环境者对行为或事情倾向于作出个人内部归因，而一般环境者更倾向于作出外部情境归因[2]。所以，相对于唯我主义的良好环境者来说，情境主义的一般环境者更容易受到环境因素的影响。这与本研究的发现是一致的：一般环境者更依赖于教师的自主支持。此外，环境良好的家庭更有可能为子女提供较好的学习条件与物质激励，而一般环境家庭的个体则缺乏优质的教育机会，在教育资源与教育经验的获取上也相对不足。研究者发现，以学业自我效能为中介，家庭收入可以显著预测学生的学习投入[3]。对主观家庭环境变量调节作用的分析，深入揭示了教师自主支持发挥作用的条件，对于不同主观家庭环境变量的学生来说，学习投入是存在差异的。

五、小结

本研究发现，感知教师自主支持与初中生的学习投入之间存在显著正相关；自主动机在感知教师自主支持与初中生的学习投入之间起部分中介作用；主观家庭环境变量在感知教师自主支持影响初中生自主动机进而影响其学习投入的过程中起到中介的调节作用。验证了研究假设。

---

[1] Kraus M W, Piff P K, Keltner D. Social class, sense of control, and social explanation [J]. J Pers Soc Psychol, 2009, 97 (6): 992-1004.

[2] Grossmann I, Varnum M E W. Social class, culture, and cognition [J]. Social Psychological and Personality Science, 2011, 2: 81-89.

[3] 石雷山，陈英敏，侯秀，等. 家庭社会经济地位与学习投入的关系：学业自我效能的中介作用 [J]. 心理发展与教育, 2013, 1: 71-78.

第六章　教师因素与学生个体因素对不同家庭学生学习成绩的影响

在第四章两个研究中，我们通过实验法和问卷法分别证实了以下两个假设，即教师自主支持能显著正向地影响学生的自主动机水平；而学生所处的家庭环境变量在其中起到了调节作用，即对于一般环境者来说，教师自主支持可以显著地正向预测学生的自主动机，而对于良好环境者来说，教师自主支持对于学生的自主动机的预测作用不显著。而在第五章的两个研究中，则通过实验法和问卷法更进一步考查教师自主支持通过影响学生自主动机水平对一般环境学生的学习投入的影响。分别证实了以下两个假设。第一个是教师自主支持能显著地正向影响学生的学习投入，而学生所处家庭环境变量对该关系具有调节作用，该调节效应是通过学生的自主动机这一中介变量实现的。这也印证了Kraus等人[1]的社会环境变量心理学的基本假设，即相对于良好环境者来说，一般环境者的学习更容易受到环境因素的影响。第二个是教师提供控制的环境不利于激发一般环境学生的自主动机，进而影响了其学习投入；而处于自主支持的环境中，一般环境学

---

[1] Kraus M W, Piff P K, Mendoza-Denton R, et al. Social class, solipsism, and contextualism: how the rich are different from the poor [J]. Psychol Rev, 2012, 119（3）: 546-572.

生的自主动机水平更高，进而显著正向影响了其学习投入。这四个研究结论的启示是，在现行的教育制度下，教师应该多提供自主支持的教学环境，这样才有利于增加一般环境学生的学习投入。

大量证据表明学生对学习投入得更多，其学习成绩也会较好。因此，本章研究的目的是在之前的研究基础上，进一步考查教师自主支持通过影响学生的自主动机和学习投入，进而对学习成绩产生的影响。具体来说，目的有三方面：首先，探讨教师自主支持通过影响学生自主动机，从而影响其学习投入，进而对其学习成绩的影响；其次，考查学生的主观家庭环境变量是否对教师自主支持影响学生学习成绩的过程具有调节作用；第三，检验该调节效应是否是以学生自主动机—学习投入为中介变量实现的。具体假设概念模型见图 6-1。

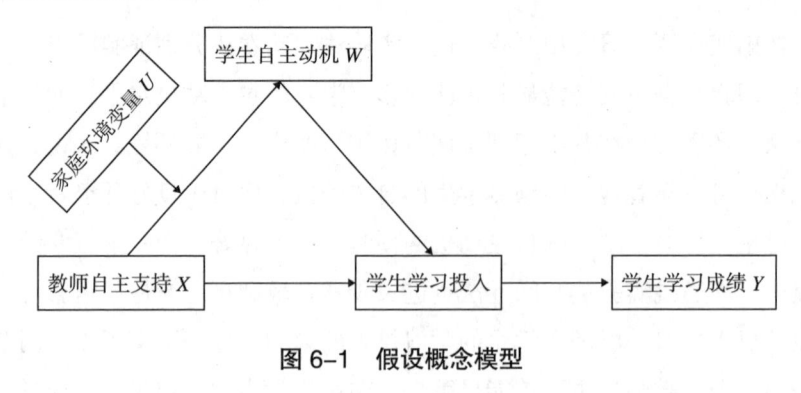

图 6-1 假设概念模型

第一节 研究目的与假设

本研究通过问卷测量的方法，让被试进行自陈式报告，考查主观感受自己的家庭环境处于良好/一般的学生，其教师自主支持对自主动机水平、学习投入及学习成绩的影响情况。具体来说，目的有三方面：首先，探讨教师自主支持通过影响学生自我动机，从而影响学习投入，进而对其学习成绩的影响；其次，考查学生的主观家庭环境变量是否对该关系具有调节作用；第三，检验该调节效应是否是以学生自主动机—学习投入为中介变量实现的。

根据前人大量的研究结论可知，学生的自主动机水平可以很好地预测学生的学习投入程度；学习投入程度可以正向预测学习成绩。那么，教师的自主支持程度能否显著地影响学生的学习成绩呢？作为学生身份地位的反映，学生所处的家庭环境变量对该关系是否具有调节作用？如果存在着这样的调节作用，那么该调节效应是否是通过学生自主动机—学习投入作为中介变量实现的？这些问题在前面的研究中，已经得到了一定的支持。因此，本研究的目的是在前4个研究的基础上，进一步通过问卷法考查教师自主支持通过影响学生的自主动机对处于不同环境学生的学习投入的影响，进而对学习成绩的影响作用。基于上述理论和研究的积累，本研究假设：教师自主支持能显著影响学生学习成绩（假设1）；家庭环境变量对该关系具有调节作用（假设2）；该调节效应是通过影响学生自主动机—学习投入作为中介变量实现的（假设3）。具体假设概念模型见图6-1。

第二节 研究方法

一、被试

采用分层整群抽样法，选取武汉和襄阳地区六所中学的22个班级，发放问卷1 800份，经过回收、筛查，将反应倾向明显的问卷排除后，得到有效被试1 502人，有效回收率为83.4%。其中，男生647人，占被试总数的比例为43.1%；女生812人，占被试总数的比例为54%；性别缺失43名，占被试总数的比例为2.9%。被试的平均年龄为14.82（±2.06）岁。被试的基本信息见表6-1。

表 6-1　被试的基本信息（N=1 502）

变量	属性	人数	比例（%）
性别	男	647	43.1
	女	812	54.0
	缺失值	43	2.9
主观家庭环境变量	1	95	6.3
	2	151	10.1
	3	249	16.6
	4	234	15.6
	5	413	27.5
	6	199	13.2
	7	75	5.0
	8	58	3.9
	9	14	0.9
	10	14	0.9

二、研究设计

采用问卷调查的方法，集体施测收集数据。研究设计中的自变量为教师自主支持，调节变量为学生的主观家庭环境变量水平，因变量为学生的学习成绩，中介变量为学生自主动机—学习投入。

三、研究材料和程序

教师自主支持的测量如下。使用 Williams 和 Deci[1] 编制的学习氛围问卷，陈艳[2] 对问卷进行了修订，使其更符合中国的青少年学生。修订后的问卷有 13 个项目，内部一致性系数（Cronbach's α 系数）为 0.876，重测信度为 0.834。采用 Likert 五点量表作为计分方式："完全不符合"～"完全符合"分别记 1～5 分，得分越高表明自主支持程度越高。

---

[1] Williams G C, Deci E L. Internalization of bio-psychosocial values by medical students: A test of self-determination theory [J]. Journal of Personality and Social Psychology, 1996, 70: 767-779.

[2] 陈艳. 高中生感知教师自主支持对其学习动机内化的影响 [D]. 武汉：华中师范大学，2008：17-24.

主观家庭环境变量的测量如下。对主观家庭环境变量的测量，最有代表性的测量工具是主观 MacArthur 量表。它是一个 10 级阶梯量表，代表了具有不同水平收入、教育程度和职业声望的人所处的位置。给被试呈现这张梯子图片，让被试想象一下这个梯子代表了人们在社会中所处的位置。分数越高，表示其所处的社会环境相对较好。接着告知被试梯子最顶端的人所处的社会环境最好，这些人的生活境况是最优裕的，他们的收入最高、受教育程度最高、工作最体面；梯子最底端的人所处的社会环境相对较低，这些人的生活境况是最糟糕的，他们的收入最低、受教育程度最低、工作最不体面。最后请被试结合自己家庭的收入、父母受教育程度和职业地位，标记出被试感知到的自己在梯图中所处的位置。MacArthur 量表具有较好的信度指标，间隔 6 个月的重测信度为 0.62[1]。

学生自主动机的测量如下。采用学习自我调节问卷（SRQ-A）进行施测，该问卷用于测量学生自主动机的水平。英文版由 Ryan 和 Connell[2] 编制，暴占光[3] 对其进行了修订。修订后的问卷共包含 30 个项目，其中，外部调节项目 11 个，内摄调节项目 5 个，认同调节项目 7 个，内部调节项目（包括整合调节）7 个。经检验，各项目的因素负荷在 0.458 ~ 0.782 之间，内部一致性系数（Cronbach's α 系数）为 0.793，重测信度为 0.837，各项指标达到了问卷测验的要求。问卷反应方式采用五点计分："完全不符合" ~ "完全符合" 分别记 1 ~ 5 分。将各维度的得分加权求总分，最终可以得到相对自主指数（RAI）。计算公式为：RAI=2× 内部调节 + 认

---

[1] Adler N E, Epel E S, Castellazzo G, et al. Relationship of subjective and objective social class with psychological functioning: preliminary data in healthy White women [J]. Health Psychology, 2000, 19: 586–592.

[2] Ryan R M, Connell J P. Perceived locus of causality and internalization: Examining reasons for acting in two domains [J]. Journal of Personality and Social Psychology, 1989, 57 (5): 749–761.

[3] 暴占光. 初中生外在学习动机内化的实验研究 [D]. 长春：东北师范大学，2006：34–38.

同调节 – 内摄调节 –2 × 外部调节。RAI 指数越高代表动机内化水平越高，意味着被试自我决定动机水平高。

学生学习投入的测量如下。采用 Wang 等人[1]编制课堂投入调查表（CEI），并对其进行修订，确保量表符合中国学生。课堂投入调查表从行为投入、情感投入、认知投入及不投入四个维度测量学生的学习投入，包含 21 个项目。修订后的问卷包含 20 个项目、四个维度不变。其中"不投入"维度反向计分。模型的拟合指数分别为 χ^2 = 416.52，χ^2/df = 2.54，RMSEA = 0.05，GFI = 0.92，AGFI = 0.89，CFI = 0.93。采用 Likert 五点量表作为反映方式："完全不符合"~"完全符合"分别记 1 ~ 5 分，得分越高表明学习投入程度越高。

学习成绩的度量如下。选取语文、数学、英语三门课程统考的成绩，除此以外，分别计算每位被试在每门课程所得分数的标准分，然后将三门课程的标准分求平均值作为成绩的指标。被试成绩由所在学校教导主任提供。

施测程序：采用集体施测的方法，整个施测过程都由研究者担当主试，并要求任课老师和班主任离场。为避免共同方法偏差对研究结果的影响，在变量的测量方面采用变更测量问卷顺序、分离施测时间等进行共同方法偏差效应的程序控制。

四、统计方法

采用 SPSS 17.0 对数据进行统计分析，统计方法主要有描述统计、方差分析与回归分析。

---

[1] Wang Z, Bergin C, Bergin D A. Measuring engagement in fourth to twelfth grade classrooms：The classroom engagement inventory［J］. School Psychology Quarterly，2014，29（4）：517-535.

第三节 研究结果

一、验证性因素分析及共同方法偏差检验

本研究中采用问卷调查，且多个变量的数据是由同一个被试提供，有可能存在共同方法偏差效应[1][2]。为避免共同方法偏差对研究结果的影响，在变量的测量方面采用匿名问卷测量、变更测量问卷顺序、分离施测时间等进行共同方法偏差效应的程序控制。除此之外，本研究使用LISREL8.70软件对教师自主支持、学生自主动机、学习投入、学习成绩4个构念进行验证性因素分析，并将拟合指数与另外几个模型进行比较。验证性因素分析结果见表6-2，从中可知，4因素模型各拟合指数均达到了推荐的标准[3]，且优于其他备选模型，证明了这4个变量确实是4个不同的构念。

表6-2 单因素模型，两、三、四因素模型拟合指数的比较（N=1 502）

模型	χ^2	df	χ^2/df	RMSEA	SRMR	GFI	CFI	IFI	NFI
单因素模型	30 436.31	2 144	14.196	0.14	0.099	0.39	0.53	0.53	0.53
两因素模型	27 460.97	2 209	12.431	0.13	0.098	0.42	0.74	0.74	0.73
三因素模型	21 301.68	2 141	9.949	0.11	0.087	0.57	0.95	0.95	0.95
四因素模型	20 087.21	2 138	9.395	0.10	0.088	0.58	0.96	0.96	0.95

注：单因素模型，指所有项目负荷在一个因子上；两因素模型，教师自主支持＋学生学习投入，学生自主动机＋学习成绩；三因素模型，教师自主支持＋学生学习投入＋学习成绩，学生自主动机；四因素模型，项目负荷在各自的理论维度上。

---

[1] Podsakoff P M, MacKenzie S B, Lee J Y, et al. Common method biases in behavioral research: a critical review of the literature and recommended remedies [J]. Journal of Applied Psychology, 2003, 88: 879–903.

[2] 周浩, 龙立荣. 共同方法偏差的统计检验与控制方法[J]. 心理科学进展, 2004, 12(6): 942–950.

[3] 侯杰泰, 温忠麟, 成子娟. 结构方程模型及其应用[M]. 北京：教育科学出版社, 2004: 154–165.

二、变量之间的相关性分析

在加入学习成绩这一变量后,学习成绩与学习投入度、学生自主动机、教师自主支持、家庭环境变量、家庭环境变量与教师自主支持的交互项,以及家庭环境变量与学生自主动机交互项之间的相关情况如表6-3所示。从表6-3可以看出学生学习成绩与学习投入度、学生自主动机、教师自主支持和家庭环境变量之间均存在显著正相关。

表6-3 核心变量之间的相关矩阵（N=1 502）

变量	学习成绩	学习投入度	学生自主动机	教师自主支持	家庭环境变量	家庭环境变量×教师自主支持	家庭环境变量×学生自主动机
学习成绩	1						
学习投入度	0.339***	1					
学生自主动机	0.156***	0.388***	1				
教师自主支持	0.280***	0.709***	0.334***	1			
家庭环境变量	0.182***	0.301***	0.114***	0.299***	1		
家庭环境变量×教师自主支持	−0.002	−0.042	0.037	−0.045	−0.017	1	
家庭环境变量×学生自主动机	0.003	0.009	0.114***	0.037	−0.030	0.285***	1

注：*** 代表 $p < 0.001$。

三、模型检验

接着,利用AMOS 17.0软件,采用最大似然法（maximum likelihood,简称ML）对假设模型进行估计验证。选取如指标评价数据和假设模型之间的拟合程度：χ^2/df,GFI（拟合优度指数）,AGFI（调整的拟合优度指标）,NFI（规范拟合指数）,CFI（比较拟合指数）,SRMR（标准化残差均方根）和RMSEA（近似误差的均方根）。当 χ^2/df 的值小于5,SRMR和RMSEA的值小于0.08,GFI、AGFI、CFI和NFI等其他拟合度指标的值大于0.9时,表示模型可以被接受[①]。从表 6-4 可以看出，收集的数据对该模型拟合良好。具体统计模型见图 6-2。

表 6-4 模型拟合指数值

拟合指数	χ^2	df	χ^2/df	GFI	NFI	CFI	AGFI	NNFI	RMSEA	SRMR
指数值	30.78	6	5.13	0.99	0.98	0.99	0.94	0.99	0.05	0.02

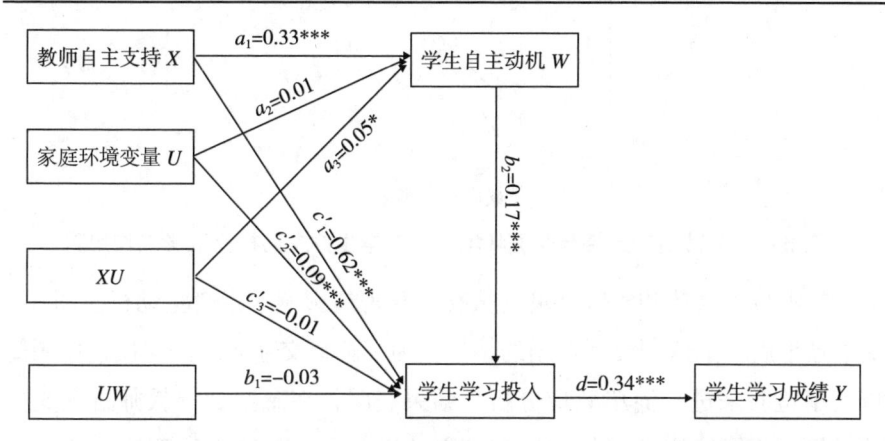

图 6-2 教师自主支持与家庭环境变量通过自主动机—学习投入影响学习成绩的统计模型图

注：* 代表 $p < 0.05$，** 代表 $p < 0.01$，*** 代表 $p < 0.001$。

由图 6-2 可知，教师自主支持和家庭环境变量交互显著地影响了学生自主动机（$a_3=0.05$，$p < 0.05$），学生自主动机正向影响了学习投入（$b_1=0.17$，$p < 0.001$），进而正向影响了学习成绩（$d= 0.34$，$p < 0.001$）。

[①] Browne M W, Cudeck R. Alternative ways of assessing model fit [C]. Testing Structural Equation Models, Newbury Park, Sage, 1993: 136-162.

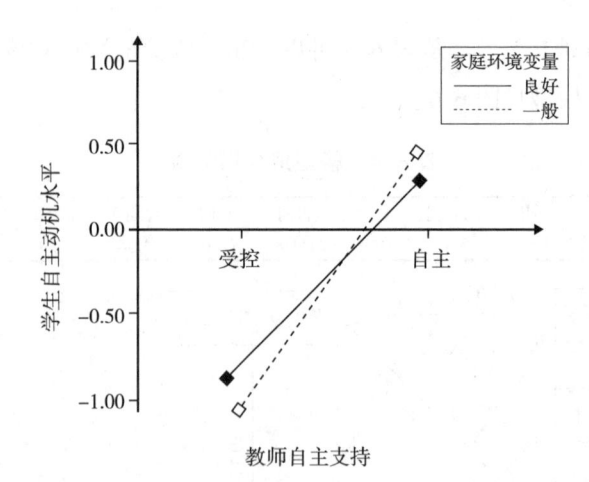

图 6-3　教师自主支持与家庭环境变量对学生自主动机交互影响作用图

教师自主支持和家庭环境变量交互显著地影响学生自主动机。图 6-3 更清晰地展示了这种交互作用的结果。为了解释交互效应的实质，使用简单斜率检验来进行简单效应分析。结果表明，在感知到低教师自主支持的时候，不同家庭环境的学生在自主动机上得分差异不显著（$b=-0.04$，$t=-1.06$，$p > 0.05$）；在感知到高教师自主支持的时候，不同家庭环境的学生在自主动机上得分差异显著（$b=0.07$，$t=1.90$，$p < 0.05$）。

教师自主支持与家庭环境变量通过学生自主动机—学习投入度影响学习成绩的统计结果可以用如图 6-4 路径，更加清晰地呈现。结果验证了假设的模型。

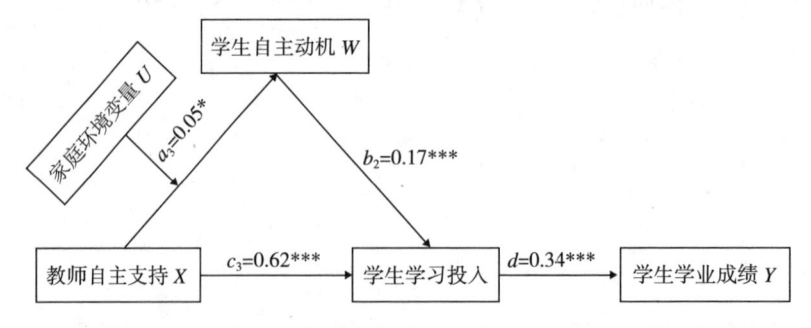

图 6-4　教师自主支持与家庭环境变量通过学生自主动机—学校投入度影响学习成绩的路径图

注：* 代表 $p < 0.05$，*** 代表 $p < 0.001$。

第四节 分析与讨论

通过问卷调查的方法，考察了教师自主支持对不同环境者学习成绩的影响，本研究结果表明，在感知到的教师自主支持与初中生学习成绩之间存在较强的显著正相关，验证了假设 1。当学生感知到教师的自主支持时，是否产生更多的自主动机以及是否更加投入地学习，主观家庭环境变量可能是一种重要的影响源。具体表现是，对于来自一般环境家庭的学生来说，感知教师的自主支持显著地影响其自主动机的分数；而对于良好环境者来说，自主动机受教师自主支持的影响并不显著。不同家庭的学生学习动机的自主程度不同，进而导致其学习投入的程度不同，在学习成绩上产生差异，验证了本研究的假设 2。继续考察自主动机—学习投入的中介作用。结果发现，学生的自主动机在自变量与因变量之间起部分中介作用。具体来说，感知到教师自主支持的学生，自主动机水平增加，进而产生更多的学习投入。同时，感知到教师的自主支持也能直接促进学生的学习投入，进而影响学生的学习成绩，验证了本研究的假设 3。

家庭环境变量是一个家庭在整个社会群体中的经济、政治和社会地位的反映。客观的家庭环境变量通常反映在家庭的收入、父母亲的职业及父母亲的教育水平上。虽然研究发现主观社会环境变量的预测力更强，但是个体对自身所处社会环境变量的主观感知与其客观社会环境变量是分不开的，是以客观社会环境变量为基础的。家庭环境变量对子女教育的影响可以是直接或间接的。一项研究[1]考察了家庭背景与教育获得的关系，发现家庭背景与学生初中后的教育分流之间有联系。研究首先发现，家庭背景可以通过直接的、人为的方式，使良好环境的子女在未来学业竞争中处于优势地位，从而影响子女初中以后的教育分流。也可以通过间接的方式，比如影响学生的学业成绩来影响教育分流的结果。但是该研究没有解释家

---

[1] 方长春，风笑天. 阶层差异与教育获得——一项关于教育分流的实证研究[J]. 清华大学教育研究，2005，5：22–30.

庭背景这种间接影响的机制是什么。

　　社会环境心理学的研究发现，良好环境的父母可以给子女提供更多的文化资本投入，带领孩子参观博物馆，或是把成功人士介绍给孩子。一般环境的家庭受到的困扰与威胁较多（安全、失业），父母无力为子女提供良好的教育环境，更不能在动机上影响子女。这种差异会影响个体的认知：一般环境者受较少的经济资源和较低社会地位的限制，逐渐形成了一种情境主义的社会认知倾向，认为心理和行为受情境因素的影响。因此在行为表现上，一般环境者更多地选择与环境相一致的行为，容易受到环境的影响。与之相反，良好环境的家庭拥有更多的资本用于投资子女的发展，因而良好环境者的自我控制感更强，形成了唯我主义的认知倾向，较少受到环境影响。本研究的结果与这些已有发现是一致的，一般环境的学生更依赖于教师的自主支持环境，进而影响其学习成绩。这或许可以为寒门子弟难上名校作出解释：寒门子弟的家庭除了给子女带来认知上的影响，使其更依赖于外部的环境，进而影响其学习成绩以外，寒门家庭还无法为子女选择高级别的学校，这也会影响后续的教育分流。

第五节　小　结

　　本研究发现，教师自主支持和学生的主观家庭环境变量交互显著地影响了学生的自主动机；自主动机正向影响了学习投入；学习投入进而正向影响了学习成绩。在路径中，主观家庭环境变量的调节作用显著。这意味着来自不同家庭环境的个体对教师自主支持的感知有着不同的结果：良好环境者不管在自主还是受控的环境中，自主动机并没有显著差异，反映出良好环境者较少受环境影响；一般环境者的自主动机则较依赖于环境因素，在自主的环境中显著高于受控的环境。由于学生自主动机的水平不同，导致其学习投入的程度不同，进而影响学生最终的学业成就。验证了本研究的假设。

第七章　关于家庭和学生影响因素的后续系列研究

在前面的章节里，笔者在自我决定理论与社会环境心理学的理论框架下，探讨了教师因素，即教师的自主支持对中学生学业获得的影响，着重考察了其与学生个体因素和家庭因素的交互作用机制。在此基础上，我们不免产生疑问，如果重点考虑家庭因素，即家庭环境变量的影响时，这些因素之间又有着怎样的协同作用呢？带着这个问题，笔者进行了一番文献检索，发现有着社会环境心理学背景的研究者，往往更关注社会公平、公正等问题，为社会群体性现象提供心理视角的解读；而有着教育学背景的研究者，鲜少关注家庭环境变量在学业获得中的影响。故此，笔者开展了一系列后续研究，试图将青少年学业获得的影响放在社会环境心理学的框架之下，结合积极心理学的视角，致力于回答"家庭情境与个体因素如何交互影响青少年的学业获得"问题，以积极心理的视角（比如学习投入而不是学业倦怠）考察青少年的学业获得，以期融合社会环境变量心理学与教育心理学的研究发现，打通学科的边界壁垒，为提升中学生的学业获得提供新角度。

第一节　家庭因素与学业获得：学生的学业归因与学习投入的链式中介作用

关于家庭客观因素对学业的影响，中国文化背景存在着一种认知："穷人的孩子早当家"。也就是说，一般环境者会为了改变命运而更加努力读书。然而国内外大量实证研究却发现一般家庭环境的孩子的学业成绩往往较差[1][2][3]。那么，一个学生所处的家庭环境究竟对其学业有着怎样的影响？以及又是如何达成影响的呢？这些问题值得我们深思。

一、研究目的与假设

如前所述，家庭环境变量是家庭在群体中的政治、经济、社会地位，通常包含父母职业、父母受教育水平和父母经济收入[4][5]。大量研究发现，家庭环境变量正向预测学业成绩。良好环境者经济条件好、教育资源丰富，拥有好的学习氛围和环境，对学生的发展起促进作用[6]。相反，生

---

[1] Chevalier A, Lanot G. The Relative Effect of Family Characteristics and Financial Situation on Educational Achievement [J]. Education Economics, 2002, 10（2）：165–181.

[2] Coleman J. The Concept of Equality of Educational Opportunity [J]. Harvard Educational Review, 1968, 38（1）：7–22.

[3] 庞维国，徐晓波，林立甲，等. 家庭社会经济地位与中学生学业成绩的关系研究 [J]. 全球教育展望，2013（2）：12–21.

[4] Bradley R H, Corwyn R F, 2002. Socioeconomic status and child development [J]. Annual Review of Psychology, 21（3）：371–399.

[5] 陈继文，郭永玉，胡小勇. 教师自主支持与初中生的学习投入：家庭社会阶层与学生自主动机的影响 [J]. 心理发展与教育，2015（2）：180–187.

[6] 罗周清. 家庭背景对初中生学业成绩影响的实证研究 [D]. 长沙：湖南大学，2014：30–37.

活压力和资源的限制使一般环境者更难获得优质学业成绩[1]。

家庭环境变量影响个体成绩的过程是怎样的？社会认知理论认为：社会资源的差异导致不同环境群体产生了不同的基本认知风格，进而影响其心理、情感、行为各方面[2]。一般环境者拥有的社会经济资源更少，感知到的社会地位较低，更容易受外部情境因素影响，形成了情境主义的社会认知倾向，往往对事件进行外归因；良好环境者则相反，较少依靠外部力量使他们形成了唯我主义的社会认知倾向，往往更多进行内归因[3][4][5][6]。这种由于长期处于不同环境而造成的归因倾向差异，在学生群体中的最典型体现即在其学业归因（academic attribution）的内外倾向差异上。所谓学业归因是指学生对自身学业成绩和学习行为产生的原因进行探究的过程[7]。相较于良好环境者，一般环境者更多受到外部环境对其学习生活的影响，解释学习成绩的原因时更依赖外部因素。相关实证研究发现，学业归因的内、外维度能够带来强烈的情绪反馈并影响个体后续的学习行为[8]，内归

---

[1] Matthews K A, Gallo L C. Psychological perspectives on pathways linking socio-economic status and physical health [J]. Annual Review of Psychology, 2011, 4: 1-30.

[2] Kraus M W, Stephens N M. A road map for an emerging psychology of social class [J]. Social & Personality Psychology Compass, 2012, 6 (9): 642-656.

[3] Grossmann I, Varnum M. Social class, culture, and cognition [J]. Social Psychological & Personality Science, 2015, 1 (1): 81-89.

[4] 郭永玉，杨沈龙，李静，等. 社会阶层心理学视角下的公平研究 [J]. 心理科学进展，2015, 23 (8): 1299-1311.

[5] 胡小勇，郭永玉，李静，等. 社会公平感对不同阶层目标达成的影响及其过程 [J]. 心理学报，2016 (3): 271-289.

[6] 李小新，任志洪，胡小勇，等. 低家庭社会阶层大学生为何更容易社交焦虑？——心理社会资源和拒绝敏感性的多重中介作用 [J]. 心理科学，2019 (6): 1354-1360.

[7] 李莎. 高中生学业归因与成绩的关系 [D]. 武汉：华中师范大学，2020: 3-11.

[8] Weiner B. An attribution theory of motivation and emotion [M]. Series in Clinical & Community Psychology: Achievement, Stress, & Anxiety, 1982: 223-245.

因带来的满足感和自豪感能够激发学生的学习动机并强化其学习行为[1]，有利于其获得更好的学业成绩。

此外，Ryan和Deci提出的自我决定理论进一步阐释了学业归因对学业成绩的影响机制，发现学习投入在两者间的重要作用[2]。学习投入（learning engagement）是学习者投入时间到学习过程中，包括知、情、意等三个方面的投入，即认知策略、情感体验和行为卷入[3]。自我决定理论认为学生的基本心理需要如自主感、胜任感被满足后，能够提升其参与活动的主动性[4]。当个体是学习行为的发起者，且学习行为是内归因时，人们感知到的自主程度较高，促使个体产生积极自主的学习动机，愿意主动投入学习探索新知识[5]。实证研究也发现不同的归因会产生不同的学习投入行为[6][7]，此外，大量的实证研究表明，学习投入对学业成绩有着显著的正向预测作用[8]。

---

[1] 吕宪军，王延玲. 归因理论与学习动机[J]. 辽宁师范大学学报，2002（5）：56-58.

[2] Ryan R M, Deci E L. Self-Determination Theory and the Facilitation of Intrinsic Motivation, Social Development, and Well-Being[J]. American Psychologist, 2000, 55（1）：68-78.

[3] Skinner E A, Belmont M J. Motivation in the classroom: Reciprocaleffect of teacher behavior and student engagement across the school year[J]. Journalof Educational Psychology, 1993, 85: 571-581.

[4] Ryan R M, Deci E L. Self-Determination Theory and the Facilitation of Intrinsic Motivation, Social Development, and Well-Being[J]. American Psychologist, 2000, 55（1）：68-78.

[5] 吴才智，荣硕，朱芳婷，等. 基本心理需要及其满足[J]. 心理科学进展，2018（6）：1063-1073.

[6] 刘丽丽，孙崇勇. 高中生学业成就归因、心理韧性与心理资源投入的关系[J]. 陕西学前师范学院学报，2019，35（9）：109-114.

[7] 廖友国，何伟，陈敏. 大学生学习投入不良归因问卷的编制及信效度检验[J]. 闽江学院学报，2017（1）：55-61.

[8] 蒋文，蒋奖，杜晓鹏，等. 坚毅人格与学业成就的关系：学习投入的中介作用[J]. 中国特殊教育，2018（4）：91-96.

社会环境心理学关于学习投入的研究还发现良好环境家庭有更多对子女物质情感方面的投资行为[①]，父母能够提供优质的教育资源和学习条件，比如营造舒适的环境、鼓励孩子学习实践、培养孩子学习兴趣等，这都为学生深入学习提供了动力基础，有利于他们的学业发展；反之，一般环境者学习投入程度较浅，经济压力和生活负担限制其学习的时间精力且影响其学习态度与动机[②]，使得他们更难投入学习并进一步影响其学业成绩[③]。

故此，本研究假设：家庭环境变量能显著影响学生的学习成绩（假设1）；学生的学业归因对该关系起到中介作用（假设2）；学生的学习投入在学业归因与学业成绩两者间起中介作用（假设3）；家庭环境变量通过影响学生的学业归因来影响其学习投入，进而影响学生学业成绩，即通过学业归因与学习投入的链式中介作用对学生学业成绩产生影响（假设4）。

二、研究方法

（一）被试与程序

采用问卷星线上发放问卷以及线下纸质问卷填写回收的方式，主要选择湖北、广东、山西等地区的初中生作为研究被试完成问卷调查。本研究共收集了1 700份问卷，去除空白和无效问卷后得到了有效问卷1 558份，问卷的有效回收率为91.650%。其中，女生有803人，占总人数的

[①] Davis-Kean, Pamela E. The Influence of Parent Education and Family Income on Child Achievement: The Indirect Role of Parental Expectations and the Home Environment [J]. Journal of Family Psychology, 2005, 19（2）: 294-304.

[②] Randolph K A, Fraser M W, Orthner D K. A strategy for assessing the impact of time varying family risk factors on high school dropout [J]. Journal of Family Issues, 2006, 27（7）: 933-950.

[③] Fredricks J, Blumenfield P, Paris A. School engagement: potential of the concept, state of the evidence [J]. Review of Educational Research, 2004, 74（1）: 59-109.

51.500%，男生有 755 人，占总人数的 48.500%。年龄范围在 12～17 岁（M=13.920，SD=0.992）。

（二）研究工具

1. 主观 MacArthur 量表

参照 Kraus 等人[①]的研究，采用主观 MacArthur 量表进行测量。该量表是一个十层的阶梯图形，被试需要结合家庭具体情况，包括父母的职业位置、受教育程度和收入，综合评估家庭所处的位置。阶梯最底层为 1，阶梯最高层为 10，被试选择的阶梯等级越高则表明其对家庭环境的主观感受越好，即感觉为良好环境。该量表被国内外多项研究使用，重测信度为 0.670[②]。

2. 学业成就自评问卷

客观学业成绩与主观评价成绩之间密切相关，因此被试进行主观报告的方法能够提供有效的信息[③]。研究采用学业成就自评问卷，要求学生根据实际情况，自主评估其语、数、英三门学科的学习表现情况[④]，采用 Likert 五点计分（1 很不好～5 很好），学生的学业成绩用三科的平均分表示。本研究中该量表的 Cronbach's α 系数为 0.679。

3. 多维－多向归因量表

研究采用中文版的多维－多向归因量表，选用其中成就归因部分的 24

---

① Kraus M W, Stephens N M. A road map for an emerging psychology of social class [J]. Social & Personality Psychology Compass, 2012, 6（9）：642-656.

② 陈继文, 郭永玉, 胡小勇. 教师自主支持与初中生的学习投入：家庭社会阶层与学生自主动机的影响 [J]. 心理发展与教育, 2015（2）：180-187.

③ Crockett L J, Schulenberg J E, Petersen A C. Congruence between objective and self-report data in a sample of young adolescents [J]. Journal of Adolescent Research, 1987, 2（4）：383-392.

④ 文超, 张卫, 李董平, 等. 初中生感恩与学业成就的关系：学习投入的中介作用 [J]. 心理发展与教育, 2010（6）：598-605.

题进行测量[1]，其中，内部归因 12 题（努力和能力），外部归因 12 题（运气和情境）。采用 Likert5 点计分（1 不同意～5 同意）。分维度计算内外归因分数，分数越高表示越倾向于该种归因方式；再用内归因的分数减去外归因的分数得到总分，总分为正数则表示被试倾向内归因。本研究中该量表的 Cronbach's α 系数为 0.820。

4. 课堂投入调查表

研究采用中文版课堂投入调查表。原量表由 Wang 编制于 2004 年，经过陈继文中文翻译修订后共包含 20 个题目，分为认知、情感、行为和不投入等四个维度[2]。采用 Likert 五点计分（1 完全不符～5 完全符合），不投入维度反向计分，量表总分与学习投入程度成正比。本研究中该量表的 Cronbach's α 系数为 0.888。

（三）数据分析

研究数据进行标准化处理，采用 SPSS17.0 软件进行共同方法偏差检验、描述性统计分析和相关分析。采用 Mplus8.0 软件，建立结构方程模型并分析变量关系，使用 Bootstrap 法分析学业归因与学习投入的中介效应和链式中介效应检验。

三、研究结果

（一）共同方法偏差检验

本研究采用自陈报告法可能存在共同方法偏差，故按照周浩[3] 介绍的

---

[1] 李莎. 高中生学业归因与成绩的关系 [D]. 武汉：华中师范大学，2020：3-11.

[2] 陈继文，郭永玉，胡小勇. 教师自主支持与初中生的学习投入：家庭社会阶层与学生自主动机的影响 [J]. 心理发展与教育，2015（2）：180-187.

[3] 周浩，龙立荣. 共同方法偏差的统计检验与控制方法 [J]. 心理科学进展，2004，12(6)：942-950.

Harman 单因素模型检验[①]进行分析处理。结果发现,特征值大于 1 的公共因子共有 9 个,第一因子能够解释的方差为 21.079%,低于临界值 40%,因此可判定问卷不存在明显的共同偏差问题。

(二)各变量的描述统计和相关分析

描述统计和相关分析结果如表 7-1 所示:家庭环境变量、学业成绩、学业归因和学习投入两两之间均呈显著正相关。

表 7-1 各变量的描述统计和相关关系

变量	$M \pm SD$	性别	年龄	家庭环境变量	学业成绩	学业归因	学习投入
性别	0.520 ± 0.500	1					
年龄	13.920 ± 0.992	0.010	1				
家庭环境变量	5.220 ± 1.779	0.042	−0.091***	1			
学业成绩	2.750 ± 0.822	0.068**	−0.035	0.155***	1		
学业归因	11.250 ± 9.015	0.104***	−0.081**	0.086***	0.263***	1	
学习投入	67.111 ± 13.482	0.032	−0.014	0.187***	0.381***	0.432***	1

注:* 代表 $p < 0.05$,** 代表 $p < 0.01$,*** 代表 $p < 0.001$。

(三)学业归因与学习投入在家庭环境变量和学业成绩间链式中介作用

家庭环境变量、学业成绩、学业归因和学习投入为潜变量,各量表的维度为指标。由于性别与学业成绩和学业归因呈显著相关,年龄与家庭环境变量和学业归因呈显著相关,因此将性别和年龄作为控制变量纳入模型。分两步对假设进行检验:首先将家庭环境变量作为自变量,学业成绩作为因变量建立模型 1,检验总效应。然后将学业归因和学习投入作为中介变量加入模型 1,得到模型 2,检验中介效应。

---

① Hayes A F, Rockwood N J. Conditional Process Analysis: Concepts, Computation, and Advances in the Modeling of the Contingencies of Mechanisms [J]. American Behavioral Scientist, 2019, 64(1): 19-54.

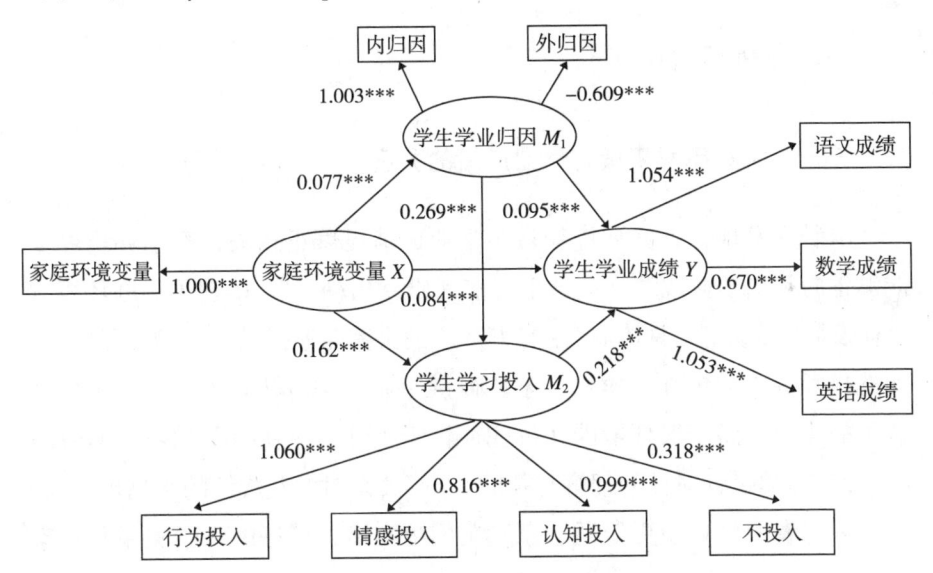

首先检验家庭环境变量对学业成绩的总效应，发现路径系数显著（$\beta = 0.087$，$p < 0.001$）。且模型1拟合良好：$\chi^2/df = 3.442$，CFI = 0.998，TLI = 0.967，RMSEA = 0.04，SRMR = 0.011。然后在模型1中同时加入学业归因和学习投入这两个中介变量，得到模型2且拟合较好：$\chi^2/df = 8.175$，CFI = 0.943，TLI = 0.905，RMSEA = 0.068，SRMR = 0.045。模型2的路径分析结果如图7-1所示，家庭环境变量对学业成绩（$\beta = 0.084$，$p < 0.001$）、家庭环境变量对学业归因（$\beta = 0.077$，$p < 0.001$）、家庭环境变量对学习投入（$\beta = 0.162$，$p < 0.001$）、学业归因对学业成绩（$\beta = 0.095$，$p < 0.001$）、学习投入对学业成绩（$\beta = 0.218$，$p < 0.001$）、学业归因对学习投入（$\beta = 0.269$，$p < 0.001$）之间的路径系数均显著。

图7-1 学业归因与学习投入在家庭环境变量与学业成绩间的链式中介路径图

注：*** 代表 $p < 0.001$。

最后根据偏差校正Bootstrap法，结果如表7-2所示，家庭环境变量对学业成绩的路径系数95%置信区间为[0.053, 0.120]，不包含0；学业归因的独特中介效应和学习投入的独特中介效应以及两者链式中介效应的效应量分别为0.008，0.037，0.005，其中，中介效应95%置信区间分别为

[0.004，0.013]，[0.027，0.050] 和 [0.003，0.008]，均不包含 0。因此，家庭环境变量对学业成绩的直接效应显著，学业归因、学习投入的中介效应显著，学业归因与学习投入的链式中介效应显著。

表 7-2 链式中介检验及偏差校正 Bootstrap 的 95% 置信区间

效应	路径	效应值	效应量	95% 置信区间
直接效应	家庭社会阶层→学业成绩	0.088	63.77%	[0.053，0.120]
中介效应	家庭社会阶层→学业归因→学业成绩	0.008	5.80%	[0.004，0.013]
	家庭社会阶层→学习投入→学业成绩	0.037	26.81%	[0.027，0.050]
	家庭社会阶层→学业归因→学习投入→学业成绩	0.005	3.62%	[0.003，0.008]
总间接效应		0.050	36.23%	[0.036，0.065]
总效应		0.138	100%	[0.102，0.180]

四、分析与讨论

（一）家庭环境变量与学业成绩的关系

本研究发现，家庭环境变量与学业成绩显著正相关，家庭环境变量能够正向预测学业成绩，该结果与前人研究相符[1][2]，体现了家庭环境对个体发展的重要性。具体而言：良好环境的家庭能够提供更多的学习机会，如选择师资力量更强的学校入学、提供专业的课后辅导等，有利于提升孩子的成绩；而一般环境的父母往往忙于生计，花在孩子学习上的时间有限，难以提供针对性的理解与帮助。亲子关系对学业成绩的影响也很大，良好环境者所处环境更舒适、家庭氛围更和谐，良好的亲子关系利于家

---

[1] Allendorf D H, Puigdell í vol M, Brown G C. Activated microglia desialylate their surface, stimulating complement receptor 3-mediated phagocytosis of neurons [J]. Glia, 2020, 68（5）：989-998.

[2] 李忠路, 邱泽奇. 家庭背景如何影响儿童学业成就？——义务教育阶段家庭社会经济地位影响差异分析 [J]. 社会学研究, 2016（4）：121-144.

长更好地投入孩子的学业中[①]。相反，工作的压力与生活的负担使得一般环境的父母与孩子之间的积极反馈较少，亲子氛围不佳不利于孩子获得学习上的支持与帮助[②]。此外，良好环境的父母自身教育水平较高，往往有着积极的教育价值观，能够支持鼓励孩子；一般环境家庭可能仅仅要求孩子保持好的学习成绩，容易在孩子未取得满意成绩时批评他们[③]，影响他们对学习的兴趣和积极性[④]。

（二）学业归因与学习投入的中介效应

本研究发现，家庭环境变量通过中介变量学业归因对初中生学业成绩产生影响。社会环境的社会认知理论发现，不同家庭环境变量的人们有不同的经济基础，随之产生的主观认知也不一样，进而导致了不同的行为模式[⑤⑥]。一般环境者受到生活压力和环境因素的影响更大[⑦]，为了获取资源、适应生活，他们需要依靠人际互动，久而久之对生活的控制感下

[①] 李志峰. 家庭背景对学业成绩的影响研究[D]. 济南：山东师范大学，2013：130-155.

[②] Masarik A S, Conger R D. Stress and child development: a review of the family stress model[J]. Current Opinion in Psychology, 2017, 13: 85-90.

[③] 罗周清. 家庭背景对初中生学业成绩影响的实证研究[D]. 长沙：湖南大学，2014：30-36.

[④] Deci E L, Ryan R M. The support of autonomy and the control of behavior[J]. Journal of Personality and Social Psychology, 1987, 53（6）：1027-1037.

[⑤] Kraus M W, Stephens N M. A road map for an emerging psychology of social class[J]. Social & Personality Psychology Compass, 2012, 6（9）：642-656.

[⑥] 陈继文，郭永玉，胡小勇. 教师自主支持与初中生的学习投入：家庭社会阶层与学生自主动机的影响[J]. 心理发展与教育，2015（2）：180-187.

[⑦] 李小新，任志洪，胡小勇，等. 低家庭社会阶层大学生为何更容易社交焦虑？——心理社会资源和拒绝敏感性的多重中介作用[J]. 心理科学，2019（6）：1354-1360.

降①。为了降低这种失控感对自身的负面影响,一般环境群体倾向进行外归因,剥离自我努力和能力的成分以避免伤害和维系自尊②。相反,良好的经济基础使得良好环境者对自己和生活的控制感强,在归因上倾向于内归因。在日常生活中,他们时常将成功归于自身,而将失败归于外部。比如,拍了一张美照,那是因为"我的技术好";而如果拍得很差,那一定是因为"这个相机太差了"。这种自利归因偏差有助于个体保持稳定的自尊水平。而且,归因方式的差异会影响人的认知和情感进而影响后续的行为活动③。面对学习中的成与败,一般环境者倾向于外归因,这导致成绩带给学习者本身的情绪影响较小,往往难以强化学习者的学习行为,不利于其获得好的学业成绩。而良好环境者更倾向于内归因,会带来强烈的情感体验④,如学生认为成功是足够努力带来的,这会产生强烈的满足感和自豪感促使其更加努力地去获得优异成绩。

本研究还发现,学习投入在家庭环境变量影响初中生学业成绩的过程间起中介作用。研究表明,家庭文化资本越多,尤其是文化期待越强的家庭,其子女学习投入程度越强⑤,良好环境父母受教育程度较高、教育认可度

---

① Christie A M, Barling J, 2009. Disentangling the indirect links between socioeconomic status and health: the dynamic roles of work stressors and personal control [J]. Journal of Applied Psychology, 94(6): 1466.

② Grossmann I, Varnum M. Social class, culture, and cognition [J]. Social Psychological &Personality Science, 2015, 1(1): 81-89.

③ 吕宪军,王延玲. 归因理论与学习动机 [J]. 辽宁师范大学学报, 2002(5): 56-58.

④ Weiner B. An attribution theory of motivation and emotion [M]. Series in Clinical & Community Psychology: Achievement, Stress & Anxiety, 1982: 223-245.

⑤ 王伟宜,刘秀娟. 家庭文化资本对大学生学习投入影响的实证研究 [J]. 高等教育研究, 2016(4): 71-79.

高，因而对子女的教育期望与投入也更多[1]，能够营造学习氛围、提供学习条件，便于孩子全身心投入学习[2]。此外，不同环境的家庭承担的生活负荷不同，而生活压力又对学生的学习投入有着显著的负向影响。经济困难可能使得一般环境者需要分担家庭的经济负担，因而他们投入学习的时间精力更有限[3]。同时，学习投入的知情意三维度都能够一定程度上预测学生的学业成绩[4]，在学习过程中投入的时间精力越多、使用认知策略越频繁[5]、体验积极情绪越强烈的学生越容易获得满意的成绩[6]，同时优异成绩能够强化学生的学习投入，形成良性循环。

（三）学业归因与学习投入的链式中介效应

本研究进一步发现，学业归因与学习投入在家庭环境变量和学业成绩间还存在链式中介作用。该结论符合自我决定理论[7]，即学生因其所处的

---

[1] Rothon C, Arephin M, Klineberg E, et al. Structural and socio-psychological influences on adolescents' educational aspirations and subsequent academic achievement [J]. Social Psychology of Education, 2011, 14（2）：209-231.

[2] Davis-Kean, Pamela E. The Influence of Parent Education and Family Income on Child Achievement：The Indirect Role of Parental Expectations and the Home Environment [J]. Journal of Family Psychology, 2005, 19（2）：294-304.

[3] Yorke, Mantz. The quality of the student experience：what can institutions learn from data relating to non-completion? [J]. Quality in Higher Education, 2000, 6（1）：61-75.

[4] 张竹，杨新荣，牟晓春，等. 学习投入和学习机会对初中生数学成绩的影响：基于多层次模型的分析 [J]. 西南大学学报（自然科学版），2021（4）：18-26.

[5] Salanova M, Schaufel W B, Martinez I M, et al. How obstacles and facilitators predict academic performance：The mediating role of study burnout and engagement [J]. Anxiety, Stress and Coping, 2010, 23：53-70.

[6] 文超，张卫，李董平，等. 初中生感恩与学业成就的关系：学习投入的中介作用 [J]. 心理发展与教育，2010（6）：598-605.

[7] Ryan R M, Deci E L. Self-Determination Theory and the Facilitation of Intrinsic Motivation, Social Development, and Well-Being [J]. American Psychologist, 2000, 55（1）：68-78.

家庭环境变量产生了不同的归因倾向，由此带来的自主感的差异影响其投入学习的程度，进而在一定程度上影响学生的学业成绩[1]。结合前文所述，一般环境者受到经济基础物质资源的限制，为了维护自尊需要，降低失控感，倾向于外归因[2]，将学业表现归因于运气和情境等无法自主控制的因素，此时学生的基础心理需求实际并未被满足，从而导致其主动投入的学习行为减少，进而对学生获得优异成绩造成阻碍。综上所述，本研究发现家庭环境变量对学生学业成绩既有直接影响，又能通过中介变量产生间接影响，故既可以通过改善家庭亲子氛围[3]、父母期望、家长参与等家庭因素，也可以通过改变学习者的归因方式、学习动机、学习投入等内在因素来提升其学业成绩。因此，教育者可以从家庭和学生两个部分入手：通过沟通交流来完善家庭的教育价值观，通过归因训练来转变孩子的消极归因倾向，通过充分调动人的主观能动性[4]，激发学生的学习动机并增强其学习投入程度，促使学生获得优异的学业成绩。

本研究基于社会环境心理学和自我决定理论的理论框架，经过数据分析验证了家庭环境变量的重要性，考察了学生自身因素如学业归因和学习投入在家庭环境变量与学生学业成绩间的链式中介作用，为后续的理论研究提供了借鉴意义。在前人研究基础上，将学业归因作为中介变量，为研究个体认知心理的阶层差异提供了新的方向；纳入学习投入的中介变量，使得不同阶层者的认知、情感、行为间影响作用更为明晰。此外，面对寒

---

[1] Fredricks J, Blumenfield P, Paris A. School engagement: potential of the concept, state of the evidence [J]. Review of Educational Research, 2004, 74 (1): 59-109.

[2] Grossmann I, Varnum M. Social class, culture, and cognition [J]. Social Psychological & Personality Science, 2015, 1 (1): 81-89.

[3] Davis-Kean, Pamela E. The Influence of Parent Education and Family Income on Child Achievement: The Indirect Role of Parental Expectations and the Home Environment [J]. Journal of Family Psychology, 2005, 19 (2): 294-304.

[4] Bandura A. Self-efficacy: The exercise of control [J]. Journal of Cognitive Psychotherapy, 1997, 13 (2).

门难出贵子的社会现象，研究基于学业归因与学习投入的多重中介作用，提出了相应的建议措施，以期达到提升中学生学业获得的目的。本研究结果提示教育者在实践工作中要重视不同孩子的认知差异，通过改善一般环境者的消极归因倾向、增强其学习投入程度进而达到提升他们的学业成绩的目标。同时，学习者可以通过发挥主观能动性，形成积极的归因方式、增强自身学习动机、投入更多时间精力在学习生活中，获得更好的自我发展。

五、小结

本研究发现，家庭环境变量、学业成绩、学业归因和学习投入之间两两显著相关，且家庭环境变量能显著正向预测学业成绩；学业归因和学习投入在家庭环境变量与学业成绩间起中介作用，并且学业归因和学习投入在其中起链式中介作用。

第二节　家庭因素与学业获得：学生的学业归因与自我效能感的链式中介作用

第一节的研究考察了初中生的个体因素——学业归因和学习投入的链式中介作用。其中，学生的家庭环境变量除了直接作用于学业成绩以外（效应量63.77%，见表7-2），还有36.23%的效应量来自间接路径，即中介效用的影响。这提示我们，家庭的客观条件固然对成绩的变化很重要，但我们仍然可以找到个体心理层面的因素，即个体的学业归因，来增强抑或是削弱该影响。学业归因显著地影响了个体的学习投入，进而影响其成绩。在探明该作用机制的同时，我们想知道，学业归因是否总是通过提升或降低学生的学习投入度进而影响其最终的成绩？有没有其他变量也可以带来类似的影响？为了解答该问题，我们做了以下研究。

一、研究目的与假设

如前所述，学业成绩受多重因素的共同影响。已有研究主要探讨了个体的学习环境及其自身内部因素的影响。比如，家长可以让孩子拥有好的学习条件和学习氛围[1]。国外研究也发现类似的结果：不同家庭环境的学生，其成绩也存在差异。家庭环境越好，个体学习的机会越多，学习成果越好[2]。对此，社会认知学提出：社会资源的差异导致不同的成长环境，因而产生个体认知上的差异，进而导致个体在感知自我、他人和社会方式上的差异[3]。具体表现为，一般环境者在注意外部环境因素方面相对于良好环境者会投入更强的注意。一般环境者往往将事件的发生归结于外部原因；而良好环境者则更倾向于将原因归于自身的努力、勤奋等[4]。对于学生群体而言，这种认知倾向的差异主要表现在学业归因的差异上。有研究表明，学业归因的内外维度能够引发强烈的情绪反应，进而影响学生的学习行为[5]。对学习成绩进行内归因能够带来自豪感和满足感，进而激发个体的学习动机、强化其学习行为[6][7]，从而促进其在学业上有更优秀的表现。

---

[1] 方长春，风笑天. 阶层差异与教育获得——一项关于教育分流的实证研究 [J]. 清华大学教育研究，2005，5：22-30.

[2] Chevalier A, Lanot G. The Relative Effect of Family Characteristics and Financial Situation on Educational Achievement [J]. Education Economics，2002，10（2）：165-181.

[3] 胡小勇，李静，芦学璋，等. 社会阶层的心理学研究：社会认知视角 [J]. 心理科学，2014，37（6）：1509-1517.

[4] 李静. 不同社会阶层对贫富差距的归因倾向研究 [D]. 武汉：华中师范大学，2012.

[5] Weiner B. An attribution theory of motivation and emotion [M]. Series in Clinical & Community Psychology：Achievement，Stress，& Anxiety，1982：223-245.

[6] 吕宪军，王延玲. 归因理论与学习动机 [J]. 辽宁师范大学学报，2002（5）：56-58.

[7] 王振宏，刘萍. 动机因素、学习策略、智力水平对学生学业成就的影响 [J]. 心理学报，2000，1：65-69.

自我效能感是指个体对自己是否有能力来完成某一行为的推测和判断，班杜拉认为自我效能感可以改变个体的学业成绩[1]。根据社会环境心理学理论，我们可以推测，良好环境者在实现目标时不用过多地考虑物质条件，他们在处理事情时有很大的可能会成功，因此会有较强的自信，至此会提升自我效能感水平；而一般环境者在实现目标时受到物质条件的制约，因此易产生自卑和无力感，自我效能感相对较低。根据以往的研究发现，自我效能感显著影响学业成绩。因此我们推测在学业中，家庭环境变量通过影响学生的自我效能感进而达成对其学业成绩的影响[2]。

与此同时，相关研究还表明，将顺境和逆境的结果分别归于内外因素对自我效能感水平的高低具有显著影响。积极的学业归因会使学生获得更加深刻的能力体验和成就体验，消极的归因则会造成学生学习信心不足。已有研究证实了能力归因可以通过改变自我的感知水平，来改变个体在学习上的考试分数[3]。由此推断，学生在学业中的归因模式也会使其对自我的能力体验发生改变。

故此，本研究假设：家庭环境变量能显著影响学生的学习成绩（假设1）；学生的学业归因对该关系具有中介作用（假设2）；学生的自我效能感在学业归因与学业成绩两者间起中介作用（假设3）；家庭环境变量通过影响学业归因来影响自我效能感，进而影响学生学业成绩，即通过学业归因与自我效能感的链式中介作用对学生学业成绩产生影响（假设4）。

---

[1] Bandura A. Self-efficacy mechanism in human agency [J]. American Psychologist, 1982 (37): 122-147.

[2] 王凯荣，辛涛，李琼. 中学生自我效能感、归因与学习成绩关系的研究 [J]. 心理发展与教育，1999（4）：22-25.

[3] 张学民，申继亮. 中学生学习动机、成就归因、学习效能感与成就状况之间因果关系的研究 [J]. 心理学探新，2002，4：33-37.

二、研究方法

（一）研究被试与程序

采用问卷星线上发放问卷以及线下纸质问卷填写回收的方式进行问卷调查，数据来源于广东、湖北、山西、河南等地初中，一共收到1 700份问卷，回收有效问卷1 602份，有效回收率为94.2%。被试平均年龄为13.91（SD=1.06）岁，其中，男生762人，占比为47.6%，女生800人，占比为49.9%，未填性别者40人，占比为2.5%。

（二）研究工具

1. 主观MacArthur量表

参照Kraus等人[①]的研究，采用主观MacArthur量表进行测量。该量表是一个十层的阶梯图形，被试需要结合家庭具体情况，包括父母的职业地位、受教育程度和收入，综合评估家庭所处的位置。阶梯最底层为1，阶梯最高层为10，被试选择的阶梯等级越高则表明其对家庭环境的主观感受越好，即感觉为良好环境。该量表被国内外多项研究使用，重测信度为0.670[②]。

2. 学业成就自评问卷

客观学业成绩与主观评价成绩之间密切相关，因此被试进行主观报告的方法能够提供有效的信息[③]。研究采用学业成就自评问卷，要求学生根

---

① Kraus M W, Stephens N M. A road map for an emerging psychology of social class [J]. Social & Personality Psychology Compass, 2012, 6（9）: 642–656.

② 陈继文, 郭永玉, 胡小勇. 教师自主支持与初中生的学习投入: 家庭社会阶层与学生自主动机的影响 [J]. 心理发展与教育, 2015（2）: 180–187.

③ Crockett L J, Schulenberg J E, Petersen A C. Congruence between objective and self–report data in a sample of young adolescents [J]. Journal of Adolescent Research, 1987, 2（4）: 383–392.

据实际情况自主评估其语、数、英三门学科的学习表现情况[①]，采用Likert五点计分（1很不好～5很好），学生的学业成绩用三科的平均分表示。本研究中该量表的Cronbach's α 系数为0.679。

3.学业自我效能感量表

采用梁宇颂[②]改编的问卷，本问卷共有22个测试题目。采用五点计分，累加全部题目所得分数。本研究中该量表的Cronbach's α 系数为0.790。

4.课堂投入调查表

研究采用中文版课堂投入调查表。原量表由Wang编制于2004年，经过陈继文中文翻译修订后共包含20个题目，分为认知、情感、行为和不投入等四个维度[③]。采用Likert五点计分（1完全不符～5完全符合），不投入维度反向计分，量表总分与学习投入程度成正比。本研究中该量表的Cronbach's α 系数为0.888。

（三）数据分析

研究数据进行标准化处理，采用SPSS17.0软件进行共同方法偏差检验、描述性统计分析和相关分析。采用Mplus8.0软件，建立结构方程模型并分析变量关系，使用Bootstrap法分析学业归因与自我效能感的中介效应和链式中介效应检验。

[①] 文超，张卫，李董平，等. 初中生感恩与学业成就的关系：学习投入的中介作用[J]. 心理发展与教育，2010（6）：598-605.

[②] 梁宇颂. 大学生成就目标、归因方式与学业自我效能感的研究[D]. 武汉：华中师范大学，2000：9-22.

[③] 陈继文，郭永玉，胡小勇. 教师自主支持与初中生的学习投入：家庭社会阶层与学生自主动机的影响[J]. 心理发展与教育，2015（2）：180-187.

三、研究结果

（一）共同方法偏差检验

本研究采用 Harman 单因素检验方法[①]，进行检验。结果发现，特征值大于 1 的公共因子共有 9 个，第一因子能够解释的方差为 21.079%，低于 Harman 提出的临界值 40%，因此可判定问卷不存在明显的共同偏差问题。

（二）家庭环境变量、自我效能感、学业归因及学业成绩的相关分析和描述统计

对被试性别以及年龄未填的进行均值替换。描述统计以及相关分析的所有详细结果如表 7-3 所示，由表可知：年龄与家庭环境变量、学业归因、学业归因及学业成绩之间呈显著负相关。学业成绩和家庭环境变量、自我效能感、学业归因之间的关系呈显著正相关；自我效能感与家庭环境变量、学业归因之间的关系呈显著正相关；学业归因与家庭环境变量之间的关系呈显著正相关。性别与家庭环境变量、学业归因及学业成绩之间的关系分别都呈显著正相关。

[①] Hayes A F, Rockwood N J. Conditional Process Analysis: Concepts, Computation, and Advances in the Modeling of the Contingencies of Mechanisms [J]. American Behavioral Scientist, 2019, 64（1）: 19-54.

表 7-3　家庭环境变量、学业归因、自我效能感、学业成绩间的

描述统计和相关关系

	$M \pm SD$	性别	年龄	家庭环境变量	学业归因	自我效能感	学业成绩
性别	1.51 ± 0.494	–					
年龄	13.91 ± 1.055	0.011	–				
家庭环境变量	5.11 ± 1.673	0.065**	–0.079**	–			
学业归因	11.49 ± 9.199	0.123**	–0.076**	0.151**	–		
自我效能感	68.40 ± 13.034	–0.020	–0.069**	0.275**	0.315**	–	
学业成绩	2.737 ± 0.83 759	0.071**	–0.049*	0.218**	0.218**	0.501**	–

注：* 代表 $p < 0.05$，** 代表 $p < 0.01$。

（三）自我效能感和学业归因在家庭环境变量与学业成绩间的中介作用

使用 Hayes[①] 提供的 SPSS 插件 PROCESS 的模型 6 进行分析，对被试的年龄以及性别进行控制，路径系数结果如图 7-2 所示。整个路径显著，$R^2 = 0.262$，$F_{(3, 1601)} = 188.887$，$p < 0.001$。采用 Bootstrap 抽样的方法，进行中介效应检验，如表 7-4 所示，结果表明，以学业归因为中介变量的路径间接效应为 0.007 1，中介效应 95% 置信区间为 [0.000 7，0.014 4]，表明学业归因在家庭环境变量与学业成绩间的中介效应显著。以自我效能感为中介变量的路径间接效应为 0.108 7，中介效应 95% 置信区间为 [0.084 0，0.135 9]，表明自我效能感在家庭环境变量与学业成绩间的中介效应显著。以自我效能感与学业归因为中介变量的路径间接效应为 0.018 3，中介效应 95% 置信区 [0.012 0，0.026 8]，所有间接效应合计 0.134 1，95% 置信区间为 [0.108 6，0.162 7]，表明自我效能感与学业归因在家庭环境变量对学业成绩的正向效应中的链式中介作用成立。所有间接路径与直接效应的总效

---

① Hayes A F，Scharkow M. The relative trustworthiness of inferential tests of the indirect effect in statistical mediation analysis: does method really matter? [J]．Psychological Science，2013（24）：1918–1927.

应为 0.211 7，中介效应 95% 置信区 [0.164 1，0.259 3]。

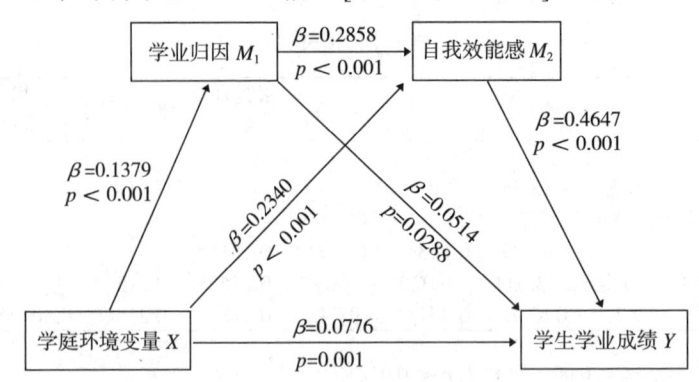

图 7-2　自我效能感与学业归因在家庭环境变量与学业成绩间的中介路径图

表 7-4　链式中介检验及偏差校正 Bootstrap 的 95% 置信区间

效应	路径	效应值	效应量	95% 置信区间
直接效应	家庭社会阶层→学业成绩	0.078	36.656%	[0.053，0.120]
中介效应	家庭社会阶层→学业归因→学业成绩	0.007	3.307%	[0.001，0.014]
	家庭社会阶层→自我效能感→学业成绩	0.109	51.488%	[0.084，0.136]
	家庭社会阶层→学业归因→自我效能感→学业成绩	0.018	8.644%	[0.012，0.027]
总间接效应		0.134	63.344%	[0.109，0.163]
总效应		0.212	100%	[0.164，0.259]

此外，如图 7-2 所示，结构路径分析结果显示，家庭环境变量对学业成绩有正向预测作用（$\beta=0.077\,6$，$p = 0.001$）。中介效应模型中，家庭环境变量与自我效能感（$\beta = 0.234\,0$，$p < 0.001$）及学业归因（$\beta=0.137\,9$，$p < 0.001$）、自我效能感与学业成绩（$\beta = 0.464\,7$，$p < 0.001$）、学业归因与学业成绩（$\beta = 0.051\,4$，$p < 0.05$）及自我效能感（$\beta = 0.285\,8$，$p < 0.001$）之间的路径系数均有统计学意义。

四、分析与讨论

本研究发现家庭环境变量对学生学业成绩直接产生影响，这与前人的研究结论一致。同时，家庭环境变量通过中介变量学业归因对学业成绩产生影响。个体对学习成绩进行积极的归因，可以提升其学习动机，从而有效提升其主动学习的频率[1]。究其原因，如果将考得好归因于内部因素，比如自己的努力，那么个体将保持高水平的自信，并积极地继续学习，应对下一次考试；反之，如果归因于外部因素，那么个体则会认为一次的成功只是意外，不利于提升其自信感，从而表现出消极的情绪，降低学习的频率。以往研究也发现，努力、能力、情境、运气等归因的各个分维度均可以影响学生的学习成果[2]，因此需要较早地对学生在面对各类情况时的归因方式进行观察以及干预，促进初中生更好地面对逆境。同时在教育中，可以对初中生进行合理的归因训练，注重对学生的积极引导和评价。培养他们在某一学习阶段结束或者考试之后，对成功和失败进行积极归因，寻找科学的评价方式，从而对自己在学业中的表现情况有一个更清晰准确的认知，更加有效地提高学习成绩。

自我效能感在家庭环境变量影响学业成绩中起中介作用，这与社会认知理论的观点相符。家庭可以影响孩子的感知，随着自我感知水平的提高，自我效能感的增强，在面对考试等问题时，学生可以拥有较好的抗压能力以至于得到好分数。本研究的结果同时也验证了家庭投资模型的理论。该模型假设良好环境的家庭能为孩子提供更多情感方面的投资，例如沟通和交流、帮助和鼓励等[3]，这些都有利于学生自我效能感的提升，有利于他们的学业发展；相对来说，一般环境的家庭在情感投资方面则较少，孩子在学业方面得到的父母支持不足，使得他们难以对学业建立较高的自我效能感并进一步提升学业成绩。本研究结果表明家庭和学校都应注重自我效能感的提升，作为个体不可或缺的一部分，它可以

---

[1] 韩仁生. 中小学生归因训练的实验研究[J]. 心理学报，1998，4：442-451.

[2] 陈京军，李三福. 初中生成就归因、学业情绪预测学业成绩的路径[J]. 中国临床心理学杂志，2012，20（3）：392-394.

[3] Davis-Kean, Pamela E. The Influence of Parent Education and Family Income on Child Achievement: The Indirect Role of Parental Expectations and the Home Environment [J]. Journal of Family Psychology, 2005, 19（2）：294-304.

影响个体在学校学习或处理事情时的积极情绪。在消极的自我感知状况下学习时，学生考试成绩很容易下滑。

家庭环境变量通过影响学业归因、自我效能感这一链式中介途径来影响学业成绩。一般环境者倾向于对学业结果进行外部归因，从学习中获得的自豪感和胜任感就越小，因此更难获得较高的自我效能感，容易产生不自信，进一步影响学业成绩的进步；而良好环境者则倾向于进行学业内归因，拥有较高的自信和自尊水平，因此在面对考试和学习任务时更能从容应对，获得更高的学业成绩。

五、小结

家庭环境变量、学业归因、社交焦虑和学生的学业成绩之间两两均呈显著正相关。家庭环境变量可以直接正向预测中学生学业成绩，且自我效能感、学业归因均在家庭环境变量和学业成绩之间起中介作用。此外，家庭环境变量还可以通过学业归因和自我效能感的链式中介作用影响学业成绩。

第三节 家庭因素与学业获得：学生学习动机的中介与父母教育期望的调节作用

在前两节的研究中，笔者发现家庭环境变量对学业成绩既有由于客观环境因素带来的直接影响，又能通过中介变量产生间接影响：比如家庭亲子氛围、父母期望等家庭主观因素，也可以通过改变学习者的归因方式、学习动机、学习投入、自我效能感等内在因素来提升其学业成绩。这提示我们可以综合考察家庭的主客观因素以及个体内在因素，探明其对学业获得的影响机制，将有助于我们获得更为全面的理解。

一、研究目的与假设

《科尔曼报告》最早论述了家庭对学生教育的重要影响：不同家庭出身的学生，其学业成绩有显著不同。相比于良好环境的家庭，一般环境者由于现实条件的限制，无法获得更充足的资源，因而会限制其成功的概率。据此，家庭投资理论提出：良好环境家庭的个体拥有丰富的资源，能够给个体带来更多的经济支撑和社会资本，因而更容易获得成功；而一般环境家庭的个体由于现实条件的限制，无法获得更充足的资源，因而会限制其成功的概率[1]。此外，研究还发现不仅在经济投入方面，良好环境家庭的父母在受教育程度方面也相对较好，能够提供更好的教育资源，这对提高学生的学习成绩有很大的帮助[2]。

那么家庭因素作为外界环境，是如何对个体的学业行为产生影响的？自我决定理论认为，内在动机能够更好地激发个体的学习兴趣，提高其学习成绩，并将动机划分为内部动机和外部动机两种。同时有研究表明，良好环境家庭的孩子，内在学习动机更高。这是因为良好环境的家庭给孩子的教育投入更加多样化，在注重学业成绩的同时，更注重对孩子学习兴趣的培养[3]。

自我决定理论还提出，内部动机和外部动机并非完全对立的，而是可以相互转化的，而转化的关键就在于自主支持。因为以自主支持为主的环境能够更好地满足学生的需求，从而促进其内部动机的提高[4]。以往研究

---

[1] Coleman. Social capital in the creation of human capital [J]. American Journal of Sociology, 1988, 94: 95-120.

[2] 石雷山, 陈英敏, 侯秀, 等. 家庭社会经济地位与学习投入的关系：学业自我效能的中介作用 [J]. 心理发展与教育, 2013, 1: 73-80.

[3] Robbins S B, Lauver K, Le H, et al. Do psychosocial and study skill factors predict college outcomes? A meta-analysis [J]. Psychological Bulletin, 2004, 130 (2): 261-288.

[4] Taylor I M, Ntoumanis N, Smith B. The social context as a determinant of teacher motivational strategies in physical education [J]. Psychology of Sports & Exercise, 2009, 10 (2): 235-243.

都证明了教师的自主支持对孩子的重要影响[1][2],本书前面的章节亦对此进行了详细的论述。在家庭因素中,父母教育期望则是能够给孩子提供自主支持的重要来源。父母教育期望是指父母对子女学业方面所持有的认识和期望,包括对孩子有关学业方面的成就以及学习表现的个人判断[3]。较高的父母期望能够使得父母提高参与度,给孩子更多的社会支持与情绪反馈;反之则不利于孩子的身心健康以及成绩的提高。可以推测,在高水平的父母教育期望下,一般环境的孩子也能产生较高的内部动机,从而提高其学业成绩。

综上所述,本研究假设:家庭环境变量能显著影响学生的学习成绩(假设1);父母教育期望对该关系具有调节作用(假设2);该调节效应是通过学生学习动机这一中介变量实现的(假设3)。具体假设概念模型见图7-3。

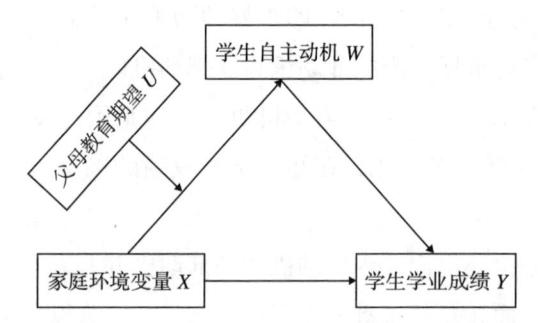

图7-3 学习动机的中介作用及父母教育期望的调节作用的假设模型图

---

[1] Deci E L, Ryan R M. The "what" and "why" of goal pursuits: Human needs and the self-determination of behavior [J]. Psychological Inquiry, 2000, 11(4): 227-268.

[2] 陈继文,郭永玉,胡小勇. 教师自主支持与初中生的学习投入:家庭社会阶层与学生自主动机的影响 [J]. 心理发展与教育, 2015(2):180-187.

[3] 陈紫薇. 中学生父母教育期望与学习投入的关系 [D]. 南京:南京师范大学, 2019: 26-36.

二、研究方法

（一）被试

本研究主要选取湖北省、河南省、广东省、山西省数所中学七年级至九年级的学生进行问卷调查，最终一共回收了1 700份，整理筛选后得到有效问卷1 679份，有效率为98.76%。其中，男生819人，占总人数的48.78%；女生819人，占总人数的48.78%；未填性别41人，占总人数的2.44%。

（二）研究工具

1. 主观家庭环境变量测量

参照Kraus等人[1]的研究，采用主观MacArthur量表进行测量。该量表是一个十层的阶梯图形，被试需要结合家庭具体情况，包括父母的职业地位、受教育程度和收入，综合评估家庭所处的位置。阶梯最底层为1，阶梯最高层为10，被试选择的阶梯等级越高，表明被试对家庭环境的主观感受越好，即感觉为良好环境。该量表被国内外多项研究使用，重测信度为0.670[2]。

2. 学业成绩测量

客观学业成绩与主观评价成绩之间密切相关，因此被试进行主观报告的方法能够提供有效的信息[3]。研究采用学业成就自评问卷，要求学生根

---

[1] Kraus M W, Stephens N M. A road map for an emerging psychology of social class [J]. Social & Personality Psychology Compass, 2012, 6（9）：642-656.

[2] 陈继文，郭永玉，胡小勇. 教师自主支持与初中生的学习投入：家庭社会阶层与学生自主动机的影响[J]. 心理发展与教育, 2015（2）：180-187.

[3] Crockett L J, Schulenberg J E, Petersen A C. Congruence between objective and self-report data in a sample of young adolescents [J]. Journal of Adolescent Research, 1987, 2（4）：383-392.

据实际情况自主评估其语、数、英三门学科的学习表现情况[①],采用Likert五点计分(1很不好~5很好),学生的学业成绩用三科的平均分表示。本研究中该量表的Cronbach's α 系数为0.679。

3.学习动机测量

采用中国台湾学者余安邦[②]编制的学习动机量表,包含了内部动机和外部动机,一共13道题目,在内部动机分量表中,第4题和第13题为反向计分。该量表采用五点计分。本研究采用内部动机分量表的总分,分数越高,代表被试的内部动机就越强。

4.父母教育期望测量

采用陈紫薇改编的父母教育期望量表[③],包含学业表现和成就两个维度,共9个项目,该量表信度系数为0.85。采用六点计分("1"表示"完全没期望","6"表示"非常强烈期望"),分数越高,代表被试感知到的父母教育期望越强烈。

(三)数据分析

研究数据进行标准化处理,采用SPSS17.0软件进行共同方法偏差检验、描述性统计分析和相关分析。使用Bootstrap法分析中介效应与调节效用的检验。

---

① 文超,张卫,李董平,等.初中生感恩与学业成就的关系:学习投入的中介作用[J].心理发展与教育,2010(6):598-605.

② 余安邦,杨国枢.社会取向成就动机和个我取向成就动机:概念分析与实验研究[J].中央研究院民族学研究所集刊,1989,64:51-89.

③ 陈紫薇.中学生父母教育期望与学习投入的关系[D].南京:南京师范大学,2019:26-36.

三、研究结果

（一）共同方法偏差检验

本研究采用自陈报告法可能存在共同方法偏差，故采用 Harman 单因素模型检验进行分析[①]。结果发现，特征值大于 1 的公共因子共有 4 个，第一因子能够解释的方差为 26.942%，低于 Harman 提出的临界值 40%，提示本研究中问卷调查的结果受到共同方法偏差的影响很小。

（二）初步分析

如表 7-5 所示，描述统计及相关分析结果表明，家庭环境变量与学习成绩、内部动机和父母教育期望呈显著正相关（$p<0.01$）；学习成绩与学习动机、父母教育期望呈显著正相关（$p<0.01$）；内部动机与父母教育期望呈显著正相关（$p<0.01$）。

表 7-5　各变量描述性结果

变量	M	SD	家庭环境变量	学习成绩	内部动机	父母教育期望
家庭环境变量	5.39	1.88	1			
学习成绩	2.74	0.87	0.18**	1		
内部动机	19.89	4.18	0.06**	0.23**	1	
父母教育期望	41.43	8.29	0.08**	0.14**	0.24**	1

注：** 表示在 0.01 水平（双侧）上显著相关。

（三）有调节的中介效应分析

本研究参照温忠麟提出的有调节的中介检验的方法[②]，考察家庭环境

[①] Hayes A F, Rockwood N J. Conditional Process Analysis: Concepts, Computation, and Advances in the Modeling of the Contingencies of Mechanisms [J]. American Behavioral Scientist, 2019, 64（1）: 19-54.

[②] 温忠麟，张雷，侯杰泰，2006. 有中介的调节变量和有调节的中介变量 [J]. 心理学报，38（3）: 448-452.

变量与学习成绩的关系,以及学习动机的中介效应和父母教育期望的调节效应。将所有变量做标准化处理,使用 SPSS 宏程序 PROCESS,在控制性别和年龄的条件下,进行有调节的中介效应检验,结果见表 7-6。

第一步,检验家庭环境变量对中学生学业成绩的直接效应是否受父母教育期望的调节。选用 SPSS 中的 Model 1,在方程 1 中表明,家庭环境变量对中学生学业成绩具有显著的预测作用($\beta = 0.17$,$p < 0.05$)。

第二步,根据假设模型,选用 Hayes 编制的 SPSS 宏程序中的 Model 7 来完成模型检验。方程 2 的检验结果表明,家庭环境变量对内部动机有显著的预测作用($\beta = 0.04$,$p < 0.05$),家庭环境变量与父母教育期望的交互作用项对内部动机的预测作用显著($\beta = 0.06$,$p < 0.05$)。方程 3 的结果表明,家庭环境变量对学业成绩也有显著的预测作用($\beta = 0.17$,$p < 0.01$);内部动机对学业成绩的预测作用也显著($\beta = 0.22$,$p < 0.01$)。

表 7-6 有调节的中介效应分析

预测变量	方程1（校标：学业成绩）β	SE	95%CI	方程2（校标：内部动机）β	SE	95%CI	方程3（校标：学业成绩）β	SE	95%CI
家庭环境变量	0.17*	0.03	[0.12, 0.22]	0.04*	0.02	[0.00, 0.09]	0.17**	0.03	[0.11, 0.22]
父母教育期望	0.12*	0.03	[0.12, 0.22]	0.24**	0.03	[0.18, 0.29]			
家庭环境变量 × 父母教育期望	0.01	0.03	[−0.04, 0.07]	0.06*	0.03	[0.01, 0.11]			
内部动机							0.22**	0.02	[0.17, 0.27]
性别	0.00	0.03	[−0.06, 0.05]	−0.06*	0.02	[−0.10, −0.02]	0.01	0.03	[−0.05, 0.07]
年龄	0.07	0.05	[−0.03, 0.16]	0.08	0.04	[−0.01, 0.17]	0.05	0.05	[−0.04, 0.15]
R^2	0.05			0.06			0.08		
F	22.48**			28.19**			67.49**		

注:$n=1\,679$,Bootstrap95% 置信区间不含 0 值,说明作用系数显著;** 代表 $p < 0.01$,* 代表 $p < 0.05$。

为了能更清晰直观地看到父母教育期望对中介效应的影响,用简单斜率分析作进一步分析图 7-4 所示。按照父母教育期望高于或低于平均分将被试划分为高父母教育期望组和低父母教育期望组,在这两组被试中考察家庭环境变量对内部动机的预测作用。在父母高期望的作用下,家庭环境变量显著地正向影响了个体的学习动机($b=0.32$,$t=9.56$,$p < 0.001$);在父母低期望时,家庭环境变量对个体学习动机的也存在显著的正向预测作用($b=2.22$,$t=4.88$,$p < 0.01$),但其预测作用较小。这说明随着父母教育期望水平的提高,家庭环境变量对学生学习动机的促进作用被放大。

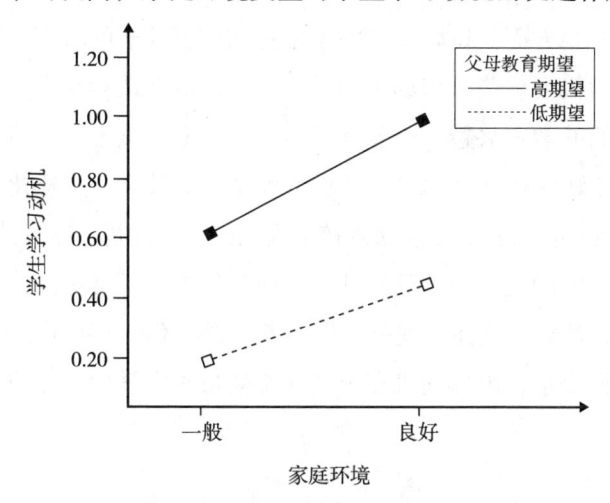

图 7-4 家庭环境变量与父母教育期望交互影响学生学习动机作用图

四、分析与讨论

从古至今,有很多的寒门子弟凭借着自己的努力改变了自己的命运。于是人们认为,虽然一般环境的家庭会受到各种各样的限制,但是这些经历会成为一般环境学生的动力,促进他们学习。然而国内外大量的研究却表明,良好环境家庭的子女学业成绩会更好。相形之下,一般环境家庭学生往往会因为外界条件的制约而限制其学业成绩的提高[1][2][3]。本研究发现家庭环境变量能够正向预测中学生学业成绩，与大多数的前人研究一致。并且支持了家庭投资理论的观点，也与社会环境心理学理论研究一致。Kraus等人[4]从客观物质资源和主观感知两方面来界定个体的环境变量。一般环境家庭拥有的社会资源较少，且会面临失业的压力，这种外界环境的威胁性和生活的不确定性，在一定程度上会带给孩子负向影响；相反，良好环境家庭拥有丰富的社会资源，且较少受到外界的限制，也会给孩子带来正向影响，从而促进学业成绩的提高[5]。与此同时，父母也是孩子得到社会支持的主要方面。良好环境的家庭更加重视孩子的教育，有能力竞争优质学校就学机会、购买市场化的教育服务，更多地参与子女受教育的过程，提高他们的学习兴趣，培养良好的学习习惯，孩子的学习成绩也更出色[6]。由于良好环境家庭的父母受教育程度相对较高，多样化的抚养方式和与子沟通的协商方法，更能激发孩子内在的学习动机，提高其综合发展；而一般环境家庭的父母由于受到外界的限制较多，通常更倾向于用单一指标要求子女，教养方式亦呈现单一化趋势，故而不利于孩子的学习。

中介模型显示，内部动机在家庭环境变量对中学生学业成绩的影响的

---

[1] Blalock H M, Blau P M, Duncan O D, et al. The american occupational structure [J]. American Sociological Review, 1967, 33 (2): 296.

[2] Wößmann L. Educational Production in East Asia: The Impact of Family Background and Schooling Policies on Student Performance [J]. German Economic Review, 2005 (6): 331-353.

[3] 方长春, 风笑天. 阶层差异与教育获得——一项关于教育分流的实证研究 [J]. 清华大学教育研究, 2005, 5: 22-30.

[4] Kraus M W, Piff P K, Mendoza-Denton R, et al. Social class, solipsism, and contextualism: how the rich are different from the poor [J]. Psychol Rev, 2012, 119 (3): 546-572.

[5] 陈继文, 郭永玉, 胡小勇. 教师自主支持与初中生的学习投入：家庭社会阶层与学生自主动机的影响 [J]. 心理发展与教育, 2015 (2): 180-187.

[6] 浦小松. Stem 兴趣、家庭背景与学习成绩——基于全国14418名中学生的无序多分类 logit 模型分析 [J]. 基础教育, 2020, 17 (5): 72-88.

中介作用显著。根据 Kraus 等人[1]的理论，不同环境者形成的认知风格有所不同。良好环境者拥有着较多的物质资源，因而他们能够更好更自由地追求自己的目标，形成唯我主义的认知倾向[2][3]，也就是说，在追求目标的时候，更多考虑自身的内部需求，激发个体的内部因素，这是一种不易受外界影响、有利于提高学习的内部动机的认知风格；一般环境者则由于受到外界的威胁较多，长期处于不利的生活中，使得他们形成了情境主义的认知倾向，且需要更多地考虑物质成本，对事情更倾向于作出情境归因[4]，在追求目标的时候更倾向于为外界所影响、所驱动。在激发内部动机方面，良好环境的家庭不受外界的威胁，不用过多考虑物质成本，也使得他们更注重教育投入的多元化，且更有能力兼顾学习的工具性和趣味性，让孩子不仅局限于课堂，更能亲身体会[5]；相形之下，一般环境的家庭拥有的资源较少，更需要考虑其中的物质成本来减少外界威胁，因而不利于提高孩子的内部动机。如前所述，追求内部目标能提高个体的幸福感；而追求外部目标则更容易降低幸福感，并伴随着较差的适应性[6]，因而不利于学生学业成绩的提高。国内研究也表明，内部动机可以激发学生对学习的兴趣，

---

[1] Kraus M W, Piff P K, Mendoza-Denton R, et al. Social class, solipsism, and contextualism: how the rich are different from the poor [J]. Psychol Rev, 2012, 119 (3): 546–572.

[2] Lachman M E, Weaver S L. The sense of control as a moderator of social class differences in health and well-being [J]. Journal of Personality and Social Psychology, 1998, 74 (3): 763–773.

[3] Johnson W, Krueger R F. Higher perceived life control decreases genetic variance in physical health: Evidence from a national twin study [J]. Journal of personality and social psychology, 2005, 88 (1): 165–173.

[4] 胡小勇，郭永玉，李静，等. 社会公平感对不同阶层目标达成的影响及其过程 [J]. 心理学报，2016 (3): 271–289.

[5] 匡亚萍. 家庭文化资本对大学生学习动机的影响研究 [D]. 长沙：湖南师范大学，2020: 40–47.

[6] Deci E L, Vansteenkiste M. Self-determination theory and basic need satisfaction: Understanding human development in positive psychology [J]. Ricerche di Psicologia, 2004, 27: 17–34.

也可以激发学生想要提高能力方面的渴望,从而能够更好地来提高自己的学习兴趣[1]。

进一步分析发现,父母教育期望能够进一步调节家庭环境变量—内部动机—学业成绩的中介作用的前半段路径。也就是说,在父母高期望的作用下,家庭环境变量显著正向影响个体的学习动机;而在父母低期望时,这种预测作用相对较小。说明随着父母教育期望水平的提高,家庭环境变量对学生学习动机的促进作用被放大。这提示我们,一方面,不管是良好环境还是一般环境的家庭,如果父母对子女的学业不作太多要求(教育期望水平低),子女的成绩与家庭环境变量的关系就不那么密切了。另一方面,当父母的教育期望水平较高时,良好环境的家庭对子女学习动机的促进作用更强。究其原因,我们推测父母教育期望的方式会随着家庭环境变量的高低而不同。根据家庭压力理论[2],家庭经济压力与父母心理压力成正比,经济压力过大会促使父母采用不良的教养方式,如说教。虽然父母都希望自己的子女能够成龙成凤,但是对于一般环境家庭的父母而言,他们面临的外界威胁较多,心理压力也较大,使得其对孩子的积极反馈较少[3]。也因为自身的条件限制,会更强调希望孩子在学生时期能够好好读书,考上好大学,以便在进入社会之后能够提高找到好工作的概率,避免重蹈父辈的"覆辙"。读书的目的是"好好读书、考上好大学、找到好工作、过上好生活"[4]。这种教养方式更倾向于激发孩子的外部动机,而非内部动机,

---

[1] 刘加霞. 中学生学习动机,学习策略与学业成绩的关系研究[J]. 北京教育学院学报,1998(3):32–37.

[2] Yoder K A, Dan R H. Family economic pressure and adolescent suicidal ideation: application of the family stress model[J]. Suicide and Life-Threatening Behavior, 2005, 35(3): 251–264.

[3] Masarik A S, Conger R D. Stress and child development: a review of the family stress model[J]. Current Opinion in Psychology, 2017, 13: 85–90.

[4] 熊和妮. 底层式"望子成龙"——劳动阶层父母教育期望的内容与特点[J]. 民族教育研究,2017(5):107–114.

也就不利于孩子成绩的良好发展。而良好环境家庭的父母相对来说，受教育水平更高，也更有能力增加教育投入的多元化[①]。在表达教育期望的时候，给予子女更多的自主支持，花费更多时间去陪伴。这时，父母较高的教育期望促进了子女的内部学习动机的提高，从而提升学业成绩[②]。因此，虽然现在的父母都有着很高的教育期望，但对于不同环境的个体而言，还是有可能存在着不同的影响和结果的。

五、小结

本研究发现，内部动机在家庭环境变量和中学生学业成绩之间起到部分中介的作用，父母教育期望调节了内部动机的中介作用，即相较于父母教育期望低的中学生而言，父母教育期望越高的中学生，越容易受到家庭环境变量对学业成绩的影响。

第四节　家庭因素与学业获得：学生未来时间洞察力的中介与公正世界信念的调节作用

关于家庭环境变量与个体学习成绩的关系，本书此前的章节已经进行了全面的阐述，不再赘述。在前面的研究中，我们亦探讨了这种影响是如何通过个体的动机、归因、投入等，以及教师的自主支持和父母的教育期望等因素而达成的。那么，除了上述与学习行为密切相关的变量以外，是否存在其他看似疏离，实则显著影响着学习行为的变量呢？本研究为这种思路提供了一种有意义的尝试。

---

① 梁杏梅，郭浩. 家庭环境与教育方式的阶层分化——基于ceps2014-2015数据分析[J]. 统计与管理，2021，36（1）：89-94.

② Coleman, James. Social capital in the creation of human capital [J]. American Journal of Sociology, 1988, 94: 95-120.

一、研究目的与假设

社会环境的认知理论指出：社会环境变量的不同会使个体产生不同的自我，进而影响个体的行为[1]。不同的社会环境变量之间有着独特的亚文化，表现出独特的行为习惯、交流方式等。个体在耳濡目染的文化中也会习得这些"文化"，从而维持着不同环境之间的差异。而一旦个体突破了自身原有的家庭环境之后，由于原环境的"文化"与现环境的"文化"之间存在差异，使得个体难以融入现在所处的环境。因此，社会环境变量不仅仅只是一种分类，更是一种根植于社会、经济与文化的综合反映。正因此，社会环境变量得以维持和延续。一项研究佐证了这一点，发现贫困具有代际遗传性和疤痕效应[2]。也就是说，社会环境变量不仅会影响当前的自我，更会影响未来的自我。

未来时间洞察力（future time perspective）属于时间洞察力的一种，与自我关系密切。Zimbardo等人认为时间洞察力是一种无意识的过程，表现为在无意识的流动中，将个体的经验与社会的经验分配到不同的时间策略之中，并赋予他们之间不同的权重[3]。依据权重的不同，他们进一步地将时间洞察力划分为过去时间洞察力、平衡（现在）洞察力与未来时间洞察力。我国学者黄希庭将未来时间洞察力界定为个体在认知、情感和行为层面上的，对于未来时间的认知、体验和行动倾向的一种人格特质，具有目标的

---

[1] Kraus M W, Piff P K, Mendoza-Denton R, et al. Social class, solipsism, and contextualism: how the rich are different from the poor [J]. Psychol Rev, 2012, 119（3）：546–572.

[2] 徐富明，张慧，马红宇，等. 贫困问题：基于心理学的视角 [J]. 心理科学进展，2017（8）：1431–1440.

[3] Zimbardo P G, Boyd J N. Putting Time in Perspective: A Valid, Reliable Individual-Differences Metric [J]. Journal of Personality & Social Psychology, 1999, 77（6）：1271–1288.

作用[1][2]。Wang 和 Ford[3] 以不同经济地位的车间操作员工为被试,发现不同员工对待休息时间的策略不同。良好环境的员工往往具有较高的未来时间洞察力,更多会选择去熟悉设备,尽管现阶段的工作没有这样的需求;而低社会环境变量的员工则选择休息或者无所事事。也就是说,一般环境的个体更多采取现在导向,关注短期利益,在决策时更多地思考现在而非将来,减少未来导向的规划。有研究者发现[4],情境认知倾向的一般环境个体相较于唯我主义的良好环境个体而言,更容易选择高利贷。因为相较于还未到来的还款日,现在的房租等问题显得更为急迫。后续对收割麦子前后的农民进行访谈发现,当农民收割完麦子之后,才会倾向于思考未来因素[5]。

未来时间洞察力是学业成绩的重要预测因子[6][7][8],两者之间存在显

---

[1] 黄希庭. 论时间洞察力 [J]. 心理科学, 2004 (1): 5-7.

[2] 陈永进, 黄希庭. 未来时间洞察力的目标作用 [J]. 心理科学, 2005 (5): 1096-1099.

[3] Wang Z, Bergin C, Bergin D A. Measuring engagement in fourth to twelfth grade classrooms: The classroom engagement inventory [J]. School Psychology Quarterly, 2014, 29 (4): 517-535.

[4] Rachid Laajaj. Endogenous time horizon and behavioral poverty trap: Theory and evidence from Mozambique [J]. Journal of Development Economics, 2017, 127: 187-208.

[5] Rachid Laajaj. Endogenous time horizon and behavioral poverty trap: theory and evidence from Mozambique [J]. Journal of Development Economics, 2017 (127): 187-208.

[6] Sara S, Ann-Margret R, Fan Y W. ADHD symptoms, academic achievement, self-perception of academic competence and future orientation: a longitudinal study [J]. Scandinavian Journal of Psychology, 2013, 54 (3): 205-212.

[7] Carvalho R G. Quantitative and qualitative assessment of adolescents' future time perspective [J]. Paidéia, 2015, 25 (61): 163-172.

[8] 蒋虹, 吕厚超. 青少年未来时间洞察力与学业成绩的关系: 坚韧性的中介作用 [J]. 心理发展与教育, 2017 (3): 321-327.

著的正相关。国内学者张峰[1]以 322 名大学生为被试，采用 Zimbardo[2] 编制的时间量表为工具，结果表明时间洞察力与社会环境变量之间存在显著的正相关关系。良好环境的个体相比较于一般环境的个体更关注未来，即具有较高的未来时间洞察力。与之对应的是宋广文等人的研究[3]，他们发现，未来时间洞察力与学业倦怠呈显著的负相关关系并具有预测作用。Nuttin 认为[4]，由于高未来时间洞察力的学生对未来的结果更具预见性，从而在现阶段更加努力，以期实现自己的预期目标。Bembenutty[5]将未来时间洞察力纳入自我调节学习的理论框架之中，认为有两大因素促进了学习，一个是延迟满足，另一个是对未来的积极信念。结合 Carstensen 的社会情绪选择理论[6]（socioemotional selectivity theory）和 Locke 的目标设置理论[7]可知，当个体知觉到剩余时间很长的时候，就会优先选择知识类的目标。人的行为是由预期所驱动的，而目标设置则可以引领个体朝向自己的目标，将资源运用在目标的追求上，未来时间洞察力因此具有了目

---

[1] 张峰. 社会环境变量与大学生时间洞察力的关系研究［J］. 鲁东大学学报（哲学社会科学版），2020，37（6）：85-89.

[2] Zimbardo P G, Boyd J N. Zimbardo Time Perspective Inventory（ZTPI）［J］. Annales Universitatis Paedagogicae Cracoviensis. Studia Psychologica. 1999（6）：16-28.

[3] 宋广文，鲍万杰，何文广. 中学生学习倦怠与未来时间洞察力、成就目标取向的关系［J］. 心理与行为研究，2013，11（4）：478-482.

[4] Nuttin J. The future time perspective in human motivation and learning［J］. Acta Psychologica，1964（23）：60-82.

[5] Bembenutty H, Karabenick S A. Inherent Association Between Academic Delay of Gratification, Future Time Perspective, and Self-Regulated Learning［J］. Educational Psychology Review，2004（1）：35-57.

[6] Carstensen Laura L, Isaacowitz Derek M, Charles Susan T. Taking time seriously：a theory of socioemotional selectivity［J］. American Psychologist，1999，54（3）：155-181.

[7] Edwin A L. Toward a theory of task motivation and incentives［J］. Organizational Behavior and Human Performance，1968，3（2）：157-189.

标的作用。

公正世界信念（just world believe，JWB）由 Lerner 提出，是指人们具有一种基本的心理信念，即认为世界是公正的[1]。正因为个体相信世界是公正的，才会对远期目标进行投资。系统公正理论（system justification theory）认为[2]存在着三种公正动机：自我公正、内群体公正及系统公正。对于良好社会环境变量的个体而言，三种动机可以很好地存在。但是对于一般环境的个体而言，三种动机则不能很好地和谐共处，导致焦虑。这种焦虑的本质源于认知失调。也就是说，如果承认了系统的合理性，也就等于承认了自己和内群体是合理的，这相当于是一种自我贬损；而当个体不承认系统的合理性时，个体就有一种改变这个系统的倾向，然而一般环境的个体自身的控制感并不足。根据控制发展理论，人具有两种不同的控制策略，一种是指向外部环境的初级控制；另一种是为了减少初级控制感的丧失，而转向自身的次级控制。一般环境的个体更倾向于后者。也就是说，他们更加相信这个世界是公平的，从而接受自己不作为的合理性。一项研究表明，与良好环境的群体（非拉美裔）相比，一般环境的群体（例如非洲裔美国人）更认可公民和媒体应该减少对政府的批评；拉美裔群体中的高收入人群比低收入人群更加地不信任政府[3]。

公正世界信念理论[4]指出，公正世界信念具有两种不同的功能。其一

---

[1] Lerner M J. The Belief in a Just World：A Fundamental Delusion [M]. New York：Plenum Press，1980：56-79.

[2] Jost J T, Pelham B W, Sheldon O, et al. Social inequality and the reduction of ideological dissonance on behalf of the system：evidence of enhanced system justification among the disadvantaged [J]. European Journal of Social Psychology，2003，33（1）：13-36.

[3] Jost J T, Pelham B W, Sheldon O, et al. Social inequality and the reduction of ideological dissonance on behalf of the system：evidence of enhanced system justification among the disadvantaged [J]. European Journal of Social Psychology，2003，33（1）：13-36.

[4] Lerner M J. The Belief in a Just World：A Fundamental Delusion [M]. New York：Plenum Press，1980：56-79.

是缓解不公正感，将公正世界信念作为一种缓冲资源，用来缓解个体在现实生活中所遭受的不公正事件，从而增强个体对于未来目标的投入，例如时间与金钱[1]。其二是重塑公正感，个体的公正世界信念越强，就越能轻松地应对生活中的问题，关注长远目标[2][3]，甚至提高认知功能。有研究者探讨了公正世界信念与学习的关系。张梅等人的研究[4]以大学生作为被试，表明大学生的学习成绩显著地被公正世界信念影响。任萍等人以初中生为被试，同样发现公正世界信念可以正向预测学生的语文、数学和英语成绩[5]。郭正茂等人以青少年运动员为被试，发现青少年公正世界信念能够显著影响运动员的成绩，并且是重要的预测指标[6]。不难发现，公正世界信念对长期目标存在影响，因而对未来时间知觉存在调节作用。

综上所述，本研究假设：家庭环境变量能显著影响学生的学习成绩（假设1）；学生的公正世界信念对该关系具有调节作用（假设2）；该调节效应是通过学生的未来时间洞察力这一中介变量实现的（假设3）。具体假设概念模型见图7-5。

---

[1] 周春燕. 公正世界信念对不同社会阶层的个体与社会功能研究［D］. 武汉：华中师范大学，2013：89-94.

[2] Hafer C L. Do innocent threaten the belief in a just world? Evidence from a modified stroop task［J］. Journal of Personality and Social Psychology，2000，79（2）：165-173.

[3] Hafer C L. Experimental research on just-world theory: problems, developments, and future challenges［J］. Psychological Bulletin，2005，131（1）：128-167.

[4] 张梅，黄四林，孙铃，等. 公正世界信念对大学生学习成绩的影响：时间管理的解释［J］. 心理发展与教育，2018，34（3）：330-337.

[5] 任萍，张云运，秦幸娜，等. 初中生公正世界信念对其学业成就的影响：感知的教师支持和班级公正的中介作用［J］. 心理发展与教育，2017，33（2）：191-197.

[6] 郭正茂，杨剑. 青少年运动员公正世界信念与运动成绩的关系——感知教练支持和运动环境公正的链式中介［J］. 沈阳体育学院学报，2021，40（1）：85-93.

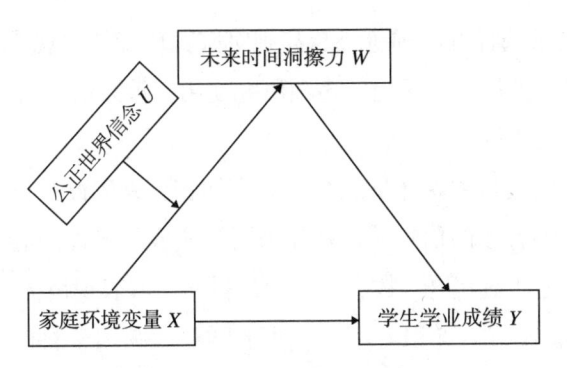

图 7-5　未来时间洞察力的中介作用及公正世界信念的调节作用的假设模型图

二、研究方法

（一）被试

采用问卷星发放电子问卷和线下施测相结合的方式，采用随机抽样、整群抽样的方法，对湖北省、广东省等数所中学里的中学生进行施测。研究一共回收问卷 2 019 份，剔除未作答和作答倾向明显的问卷 335 份，其中有效问卷 1 684 份，问卷有效回收率为 83.6%。其中，男生一共 838 人，占总人数的 49.8%；女生一共 810 人，占总人数的 48.1%；36 人未填，占总人数的 2.1%。被试的平均年龄是 14 岁，标准差为 1.13。

（二）研究工具

1. 主观家庭环境变量测量

参照 Kraus 等人[1]的研究，采用主观 MacArthur 量表进行测量。该量表是一个十层的阶梯图形，被试需要结合家庭具体情况，包括父母的职业地位、受教育程度和收入，综合评估家庭所处的位置。阶梯最底层为 1，最

---

[1] Kraus M W, Stephens N M. A road map for an emerging psychology of social class [J]. Social & Personality Psychology Compass，2012，6（9）：642–656.

高层为 10，被试选择的阶梯等级越高则对家庭环境的主观感受越好，即感觉为良好环境。该量表被国内外多项研究使用，重测信度为 0.670[①]。

2. 学业成绩测量

客观学业成绩与主观评价成绩之间密切相关，因此被试进行主观报告的方法能够提供有效的信息[②]。研究采用学业成就自评问卷，要求学生根据实际情况自主评估其语、数、英三门学科的学习表现情况[③]，采用 Likert 五点计分（1 很不好 ~ 5 很好），学生的学业成绩用三科的平均分表示。本研究中该量表的 Cronbach's α 系数为 0.679。

3. 未来时间洞察力

采用青少年未来时间洞察力量表[④]，共 28 题，采用五点计分（1 极不符合 ~ 5 极为符合）。该量表包括 6 个维度：未来消极、未来积极、未来迷茫、未来坚持、未来清晰及未来计划。量表的内部一致性信度为 0.90，重测信度为 0.94。本研究中 Cronbach's α 系数为 0.84。

4. 公正世界信念

采用周春燕[⑤]在中国背景下自编的公正世界信念量表，共 17 题。其中有两题为筛选题，仅用来把控问卷质量，不进入问卷的分析。该量表分为 4 个维度：自我现在、自我未来、他人现在及他人未来。该量表内部一致性系数为 0.88；重测信度为 0.76。在本研究中 Cronbach's α 系数为 0.90。

---

① 陈继文，郭永玉，胡小勇. 教师自主支持与初中生的学习投入：家庭社会阶层与学生自主动机的影响［J］. 心理发展与教育，2015（2）：180–187.

② Crockett L J, Schulenberg J E, Petersen A C. Congruence between objective and self-report data in a sample of young adolescents［J］. Journal of Adolescent Research, 1987, 2（4）: 383–392.

③ 文超，张卫，李董平，等. 初中生感恩与学业成就的关系：学习投入的中介作用［J］. 心理发展与教育，2010（6）：598–605.

④ Lyu H C, Huang X T. Development and validation of Future Time Perspective Scale for Adolescents and Young Adults［J］. Time & Society, 2016, 25（3）: 533–551.

⑤ 周春燕. 公正世界信念对不同社会阶层的个体与社会功能研究［D］. 武汉：华中师范大学，2013：29–46.

（三）程序和数据处理

本研究统计分析采用 SPSS21.0 软件以及 process 插件，采用 SPSS21.0 软件进行共同方法偏差检验、描述统计及相关分析，将数据进行标准化处理后进行后续分析。其中，共同方法检验采用的是单因素法，相关分析采用积差相关法。

三、研究结果

（一）共同方法偏差检验

在实际的实测过程中，采用了匿名测验，并且综合使用了五点计分与六点计分的量表，在一定程度上防止了被试的思维定式。但考虑到问卷项目较充沛，可能存在共同方法偏差。于是采用 Harman 的单因子检验法[1]，统计结果分析表明，共有 7 个因子的特征根大于 1，其中单因子方差的解释为 26.13%（小于 40%），表明本次施测，共同方法偏差较小。

（二）各变量的描述性统计结果

描述统计及相关分析结果见表 7-7，表明：家庭环境变量与学习成绩、未来时间洞察力和公正世界信念呈显著正相关（$p < 0.01$）；学习成绩与未来时间洞察力和公正世界信念呈显著正相关（$p < 0.01$）；未来时间洞察力与公正世界信念呈显著正相关（$p < 0.01$）。

---

[1] 周浩，龙立荣. 共同方法偏差的统计检验与控制方法[J]. 心理科学进展，2004，12(6)：942-950.

表 7-7　描述统计、相关分析结果表

变量	M	SD	家庭环境变量	学业成绩	未来时间洞察力	公正世界信念
家庭环境变量	5.39	1.93	1			
学业成绩	8.26	2.62	0.16**	1		
未来时间洞察力	87.85	12.42	0.10**	0.10**	1	
公正世界信念	64.68	11.70	0.14**	0.26**	0.34**	1

注：** 在 0.01 水平（双侧）上显著相关。

（三）家庭环境变量对中学生学业成绩的影响：有调节的中介模型检验

对于有调节的中介模型的检验方法，综合温忠麟等人[1]和 Hayes 等人[2]的做法，考察家庭环境变量与学业获得的关系以及未来时间洞察力在两者之间的中介效应和公正世界信念的调节效应。将所有变量做标准化处理，使用 Hayes 的 SPSS 宏程序 PROCESS，在控制性别和年龄的条件下，进行有调节的中介效应检验。

根据温忠麟等人提出的检验方法，第一步，检验家庭环境变量对学业成绩的直接效应是否受到公正世界信念的调节。选用 Hayes 编制的 SPSS 宏程序中的 Model 1（Model 1 为简单的调节模型），检验的回归方程是：学业成绩 = $c_0 + c_1$ 家庭环境变量 + c_2 公正世界信念 + c_3 家庭环境变量 × 公正世界信念 + e_1（方程 1）。表 7-8 所示为有调节的中介效应分析，结果表明，家庭环境变量对中学生的学业成绩具有显著的预测作用（$\beta = 0.12$，$t = 9.59$，95% 置信区间为 [0.07，0.18]，$p < 0.01$）；家庭环境变量与公正世界信念的交互作用项对学业成绩不具有显著的预测作用（$\beta = 0.03$，$t = 1.39$，95%

---

[1] 温忠麟，叶宝娟. 有调节的中介模型检验方法：竞争还是替补？[J]. 心理学报，2014，46（5）：714-726.

[2] Hayes A F, Rockwood N J. Conditional Process Analysis: Concepts, Computation, and Advances in the Modeling of the Contingencies of Mechanisms [J]. American Behavioral Scientist, 2019, 64（1）：19-54.

置信区间为 [-0.02，0.08]，$p > 0.05$），即家庭环境变量与学业获得直接效应没有受到公正世界信念的调节。按照温忠麟等人[①]的结论，无论 c_3 是否显著都可以进行下一步的分析，不过在本研究中由于 c_3 不显著，故按照有调节的中介进行下面的分析。

因此，建立有调节的中介模型，检验家庭环境变量经过未来时间洞察力对学业成绩的中介效应是否受到公正世界信念的调节。根据假设模型，选用 Hayes 编制的 SPSS 宏程序中的 Model 7 来完成模型检验。检验方程分别为：未来时间洞察力 $=a_0+a_1$ 家庭环境变量 $+a_2$ 公正世界信念 $+a_3$ 家庭环境变量 × 公正世界信念 $+e_2$（方程 2），以及学业成绩 $=c_0'+c_1'$ 家庭环境变量 $+b_1$ 公正世界信念 $+e_3$（方程 3）。方程 2 的检验结果表明，家庭环境变量对未来时间洞察力的预测作用显著（$\beta=0.06$，$t=3.42$，95% 置信区间为 [0.01，0.11]，$p < 0.05$），家庭环境变量与公正世界信念的交互项对未来时间洞察力的预测作用显著（$\beta=0.13$，$t=3.42$，95% 置信区间为 [0.05，0.21]，$p < 0.05$）。方程 3 的结果表明，家庭环境变量对学业成绩的预测显著（$\beta=0.15$，$t=5.37$，95% 置信区间为 [0.09，0.20]，$p < 0.01$）；未来时间洞察力对学业成绩的预测作用也显著（$\beta=0.08$，$t=2.48$，95% 置信区间为 [0.02，0.14]，$p < 0.05$）。

综合以上的数据分析结果，不难发现家庭环境变量对中学生的学业成绩有着显著的影响，因此未来时间洞察力在两者之间起到一个部分中介的作用。此外，家庭环境变量通过未来时间洞察力作用于中学生学业成绩，这一路径的前半段受到公正世界信念的影响。

[①] 温忠麟，叶宝娟. 有调节的中介模型检验方法：竞争还是替补？[J]. 心理学报，2014，46（5）：714–726.

表 7-8 有调节的中介效应分析

预测变量	方程 1 (效标: 学业成绩) β	t	95%CI	方程 2 (效标: 未来时间洞察力) β	t	95%CI	方程 3 (效标: 学业成绩) β	t	95%CI
家庭环境变量	0.12**	9.59	[0.07, 0.18]	0.06*	3.42	[0.01, 0.11]	0.15**	5.37	[0.09, 0.20]
公正世界信念	0.26*	2.56	[0.21, 0.31]	0.35*	3.22	[0.28, 0.42]			
家庭环境变量 × 公正世界信念	0.03	1.39	[-0.02, 0.08]	0.13*	3.42	[0.05, 0.21]			
未来时间洞察力							0.08*	2.48	[0.02, 0.14]
性别	0.08	1.63	[-0.01, 0.17]	0.03	0.76	[-0.05, 0.12]	0.08	1.72	[-0.02, 0.18]
年龄	-0.05*	-2.09	[-0.09, -0.01]	0.04*	2.07	[0.00, 0.08]	-0.04*	-2.51	[-0.09, -0.00]
R^2	0.10			0.15			0.04		
F	30.13*			27.48*			12.19*		

注: n=1 684, Bootstrap95% 置信区间不含 0 值, 说明作用系数显著, ** 代表 $p < 0.01$, * 代表 $p < 0.05$。

为了能更清晰直观地看到公正世界信念对中介效应的影响，通过简单斜率分析来进一步分析公正世界信念对家庭环境变量对未来时间洞察力的调节作用的实质，如图 7-6 所示。

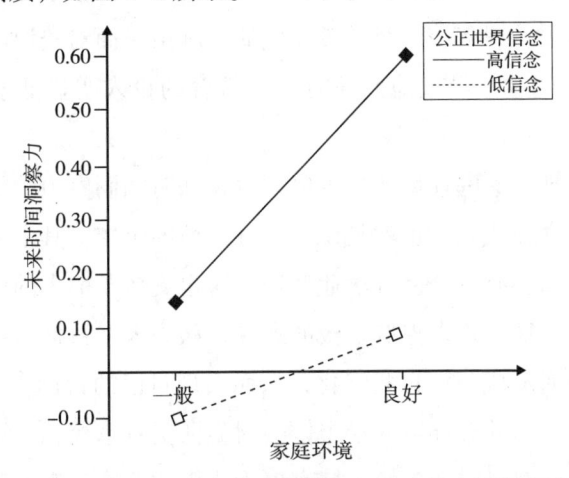

图 7-6　公正世界信念与家庭环境变量交互影响未来时间洞察力作用图

由图 7-6 可见，在高公正世界信念的作用下，家庭环境变量显著地影响了个体的未来时间洞察力（$b=0.19$，$t=4.00$，$p<0.01$）；在低公正世界信念下，家庭环境变量对未来时间洞察力的影响不显著（$b=-0.08$，$t=-1.73$，$p>0.05$）。

四、分析与讨论

本研究发现，家庭环境变量显著正向预测学生的学习成绩。这反映出家庭环境变量是学生学习的强有力支撑。分析其原因，首先，良好环境的个体拥有更好的健康条件，更少患抑郁症的可能[1]，而一般环境的个体更

---

[1] 邓子谦，陈晓晨，韦庆旺. 从社会文化的视角看健康与教育的阶层差异［J］. 心理科学进展，2020（12）：2125-2136.

容易受到社会排斥等负面事件的干扰,从而对外界负面事件更敏感①。其次,良好环境的家庭拥有更多的社会资源,感知到更高的社会地位②,他们有能力并且愿意为子女的教育进行更多的投入,如参加各种课外活动,注重孩子的素质教育等③,而一般环境的家庭由于面对资源的短缺、失业的恐慌等现实问题,导致他们在对子女教育的投入明显低于良好环境的父母。

研究还发现,家庭环境变量可以通过未来时间洞察力的中介作用进而影响中学生的学业成绩。也就是说,良好环境的个体,其未来时间洞察力水平越高,进而会有一个良好学业获得。这也支持了前人的研究:学业获得良好的学生往往对未来抱有积极的态度,认为未来目标是可以通过努力而实现的,进而形成一种自我强化,从而实现自己的目标④。依据社会环境的认知理论,高社会环境变量个体会对生活更具掌控感,认为现状是可以改变的,并且对过去的事情也持有更为积极的态度,对未来具有更多的规划,更关注未来。而低社会环境变量的个体则容易聚焦于过去出现失误的事情,更倾向于认为无论自己怎么做,生活都难以改变。因此对过去持更消极的态度,对现在则更相信命运,认为事情"本该如此",对未来产生恐惧⑤。因此社会环境变量越高的个体,其未来时间洞察力水平也越高。在认知水平上,未来取向的个体对于自己的未来会具有一个清晰的认识和

---

① 李小新,任志洪,胡小勇,等. 低家庭社会阶层大学生为何更容易社交焦虑?——心理社会资源和拒绝敏感性的多重中介作用[J]. 心理科学,2019(6):1354-1360.

② Kraus M W, Stephens N M. A road map for an emerging psychology of social class[J]. Social & Personality Psychology Compass, 2012, 6(9): 642–656.

③ 李忠路,邱泽奇. 家庭背景如何影响儿童学业成就?——义务教育阶段家庭社会经济地位影响差异分析[J]. 社会学研究,2016(4):121-144,244-245.

④ Nuttin J. The future time perspective in human motivation and learning[J]. Acta Psychologica, 1964(23): 60-82.

⑤ 张峰. 社会环境变量与大学生时间洞察力的关系研究[J]. 鲁东大学学报(哲学社会科学版),2020,37(6):85-89.

良好的规划，并且在逐步实现这样的规划中有一个良好的兴趣体验。因而增强目标设置的清晰性和动机水平，在现在与未来之间架起桥梁。

本研究还发现，公正世界信念能够调节家庭环境变量从而影响未来时间洞察力。即对于公正世界信念高的个体，家庭环境变量显著正向影响其未来时间洞察力水平，只不过良好环境个体的提升水平要优于一般环境的个体；但是对于公正世界信念低的个体，其家庭环境变量对未来时间洞察力的影响并不显著。也就是说，当公正世界信念由高水平转化为低水平时，削弱了家庭环境变量对中学生学业成绩的影响。

研究普遍认为，公正世界信念作为一种内在资源，可以有效对抗抑郁等负面情绪。个体认为世界是公正的，可以通过自己的努力实现自己的目标[1]。然而这一结论似乎对于一般环境的个体并不适用，也就是说，公正世界信念的提升并未带来一般环境个体对未来时间洞察力水平的提升。究其原因，一种可能的解释是，一般环境的个体感知到更多的负面事件，对外界负面事件（如社会排斥）更为敏感[2]。导致作为有限的内在资源——公正世界信念被过多地占有，从而导致过载，也就是说，在这种情况下，公正世界信念的提升对于低社会环境变量的个体而言，其弊大于利。社会支配理论[3]带来另一种可能的解释。社会支配理论认为社会环境变量中同时存在着两种倾向：减小环境差异（hierarchy-attenuating）和增大环境差异（hierarchy-enhancing）。个体对这两种倾向的接受程度即为社会支配倾向（social dominance orientation）。良好环境的个体更认可环境之间存在的

---

[1] 周春燕. 公正世界信念对不同社会阶层的个体与社会功能研究[D]. 武汉：华中师范大学，2013：89-94.

[2] 李小新，任志洪，胡小勇，等. 低家庭社会阶层大学生为何更容易社交焦虑？——心理社会资源和拒绝敏感性的多重中介作用[J]. 心理科学，2019（6）：1354-1360.

[3] Pratto F, Sidanius J, Stallworth L M, et al. Social Dominance Orientation: A Personality Variable Predicting Social and Political Attitudes[J]. Journal of Personality and Social Psychology, 1994, 67（4）：741-763.

差异，而一般环境则希望减少环境之间的差异以及社会中的不平等[①]，从而使一般环境的个体相较良好环境个体的公正世界信念水平更低。

五、小结

家庭环境变量与中学生学习、未来时间洞察力、公正世界信念均呈显著正相关。家庭环境变量能够正向预测中学生的学业成绩。未来时间洞察力在家庭环境变量与中学生学习之间起部分中介作用。未来时间洞察力的中介作用受到公正世界信念的调节，即公正世界信念调节家庭环境变量—未来时间洞察力—学业成绩的前半路径。

[①] Pratto F, Sidanius J, Levin S. Social Dominance Theory and the Dynamics of Intergroup Relations: Taking Stock and Looking Forward [J]. European Review of Social Psychology, 2006, 17: 271-320.

第八章 本书研究的总结与反思

通过前述的分析、梳理和研究，我们不难发现，学业获得的影响源与学习活动的三方主体是密不可分的。教师、个体和家庭的影响是相互交织、互相作用的。我们很难脱离于其他因素，孤立地谈论某一种因素"单独"的影响。故此，下面我们将分别以各个因素为侧重点，从该因素出发探讨交互作用的影响。

第一节 本书研究总的讨论

一、教师因素的影响

教师的很多因素都会影响学生的学业获得，比如教师的教学手段、教学态度、人格特质以及教师的职业倦怠等。本书的研究以自我决定理论为理论依据，故此在实证研究阶段，重点考察了学生学业获得最重要的影响源：教师的自主支持。考察包括教师自主支持对学生的学习投入和学业成绩的影响。

（一）教师自主支持对不同家庭环境学生学习投入的影响

在感知到教师的自主支持与初中生学习投入之间存在显著正相关。当学生感知到教师的自主支持时，是否产生更多的自主动机以及是否更加投入地学习，家庭环境变量可能是一种重要的影响源。具体表现是，对于来自一般环境家庭的学生来说，感知教师的自主支持显著地影响其自主动机的分数；而对于良好环境者来说，自主动机受教师自主支持的影响并不显著。不同家庭的学生学习动机的自主程度不同，进而导致其学习投入程度不同，在学业表现上产生差异。

社会环境心理学的研究发现，客观的物质资源和主观的感受导致了不同环境者在认知、情感和行为上存在巨大的差异。一般环境者面临沉重的生活压力和不时的安全威胁，长此以往导致其对生活的控制感下降[1]。由于缺乏个人控制感，一般环境者比良好环境者更加关注周围的背景信息，因而更强调外在的情境因素对行为的影响[2]。为了维持控制感，良好环境者对行为或事情倾向于作出个人内部归因，而一般环境者更倾向于作出外部情境归因[3]。所以，相对于唯我主义的良好环境者来说，情境主义的一般环境者更容易受到环境因素的影响。这与本书的研究发现是一致的：一般环境者更依赖于教师的自主支持。此外，良好环境的家庭更有可能为子女提供较好的学习条件与物质激励，而一般环境家庭的个体则缺乏优质的教育机会，在教育资源与教育经验的获取上也相对不足。研究者发现，以学业自我效能为中介，家庭收入可以显著预测学生的学习投入[4]。对家庭环境变量调节作用的分析，深入揭示了教师自主支持发挥作用的条件，对

---

[1] Christie A M, Barling J. Disentangling the indirect links between SES and health: The dynamic roles of work stressors and personal control [J]. Journal of Applied Psychology, 2009, 94: 1466-1478.

[2] Kraus M W, Piff P K, Keltner D. Social class, sense of control, and social explanation [J]. J Pers Soc Psychol, 2009, 97 (6): 992-1004.

[3] Grossmann I, Varnum M E W. Social class, culture, and cognition [J]. Social Psychological and Personality Science, 2011, 2: 81-89.

[4] 石雷山，陈英敏，侯秀，等. 家庭社会经济地位与学习投入的关系：学业自我效能的中介作用 [J]. 心理发展与教育, 2013, 1: 71-78.

于不同家庭环境变量的学生来说，学习投入是存在差异的。

（二）教师自主支持对不同家庭环境学生学习成绩的影响

在感知到教师的自主支持与初中生学习成绩之间存在显著正相关。当学生感知到教师提供自主支持的环境时，家庭环境变量会影响学生是否产生更多的自主动机以及是否更加投入地学习：对于来自一般环境家庭的学生来说，感知教师的自主支持显著地影响其自主动机的分数；而对于良好环境者来说，自主动机受教师自主支持的影响并不显著。不同家庭的学生学习动机的自主程度不同，进而导致其学习投入程度不同，在学习成绩上产生差异。继续考察学生自主动机和学习投入的中介作用，结果发现，学生的自主动机在自变量与因变量之间起部分中介作用。具体来说，感知到教师自主支持的学生，自主动机水平增加，进而产生更多的学习投入；同时，感知到教师的自主支持也能直接促进学生的学习投入，进而影响学生的学习成绩。

家庭环境变量是一个家庭在整个社会群体中的经济、政治和社会地位。客观的家庭环境变量通常反映在家庭的收入、父母亲的职业及父母亲的教育水平上。虽然研究发现主观家庭环境变量的预测力更强，但是个体对自身所处主观社会环境变量的感知与其客观社会环境变量是分不开的，是以客观社会环境变量为基础的。家庭环境变量对子女教育的影响可以是直接或间接的。方长春等[1]曾经考察过家庭背景与教育获得的关系，发现家庭背景与学生初中后的教育分流之间有联系。家庭背景可以通过直接的、人为的方式，也可以通过间接的方式，比如，影响学生的学业成绩来影响教育分流的结果，或者，通过影响子女的动机进而影响其学习成绩。

家庭环境良好的父母可以给子女提供更多的文化资本投入，如带领孩

---

[1] 方长春，风笑天.阶层差异与教育获得——一项关于教育分流的实证研究[J].清华大学教育研究，2005，5：22-30.

子参观博物馆，或是把成功人士介绍给孩子。相对而言，一般环境的家庭受到的困扰与威胁较多（安全、失业），父母无力为子女提供良好的教育环境，更不能在动机上影响子女。这种差异会影响个体的认知：一般环境者受较少的经济资源的限制，逐渐形成了一种情境主义的社会认知倾向，认为心理和行为受情境因素的影响。因此在行为表现上，一般环境者更多地选择与环境相一致的行为，容易受到环境的影响。与之相反，良好环境的家庭拥有更多的资本用于投资子女的发展，因而良好环境者自我控制感更强，形成了唯我主义的认知倾向，较少受到环境影响。本系列研究的结果与这些已有发现是一致的，一般环境的学生更依赖于教师的自主支持环境，进而影响其学习成绩。

这或可以为不同家庭环境的学生取得的学业成就不一样做出心理层面上的解释：一般环境的家庭在对子女教育的直接影响路径上，选择权较少。但更重要的影响体现在间接路径上，身处一般环境，个体的认知会受到影响，形成情境主义的认知倾向，更加依赖于外部的环境，更具体地说，更加依赖于教师提供自主支持的环境。在目前的考核标准之下，教师很难在教学实践中一以贯之地实施自主支持式的教学。一方面，良好环境家庭的子女受其父母的影响，形成唯我主义的认知倾向，相对而言不太容易受情境的影响。此外，良好环境的父母对子女的动机存在直接的影响，使其初始动机水平比较高。这些差异导致一般环境个体的学习投入与学习成绩与良好环境的个体存在差异，影响后续的教育分流。另一方面，上述研究发现和分析也为我们揭示了一条促进一般环境学子提升学业的途径：教师提供自主支持的环境，对一般环境者来说，能更有效地促进其学业。

二、学生因素的影响

学生作为学习活动毋庸置疑的主体，其个体因素无疑是贯彻所有研究始终的。与其孤立考虑何种因素更重要，我们更应该关注的是：在何时、何情境下，何种因素如何起到影响。下面分别就前面的研究涉及的个体因素展开讨论。

（一）学生自主动机的中介作用

家庭环境变量对个体发展的影响在于：由于长期身处不同家庭环境之中，对客观物质资源的占有和主观感受的不同将导致社会环境变量对个体的心理和行为都产生巨大影响。家庭环境变量较低，意味着整个家庭在经济、人力和社会资本上面临着压力与不确定性，更有可能使个体产生习得性无助，削弱其自我效能感[1]。一般环境者受较少的经济资源的限制，逐渐形成了一种情境主义的社会认知倾向，认为心理和行为受情境因素的影响。因此在行为表现上，一般环境者更多地选择与环境相一致的行为，容易受到环境的影响[2][3]。与之相反，良好环境的家庭拥有更多的资本用于投资子女的发展，对子女的思想、态度、求学历程及未来的生活均有重大的影响[4]。良好环境者的自我控制感更强，形成了唯我主义的认知倾向，较少受到环境影响。

本书的系列研究得出一致的结论：一般环境的学生更依赖于教师的自主支持情境，在教师提供自主支持的环境下，自主动机水平高于在控制的环境下；而良好环境的学生在两种环境下，自主动机没有显著差异。这个结果与社会环境心理学的研究结论是一致的。同时，对自我决定论关于自主动机的研究也是一种推进：区分了教师自主支持产生积极作用的条件。

---

[1] McLoyd V C. Socioeconomic disadvantage and child development [J]. American Psychologist, 1998, 53（2）: 185–204.

[2] Kraus M W, Côté S, Keltner D. Social class, contextualism, and empathic accuracy [J]. Psychological Science, 2010, 21（11）: 1716–1723.

[3] Kraus M W, Piff P K, Mendoza-Denton R, et al. Social class, solipsism, and contextualism: how the rich are different from the poor [J]. Psychol Rev, 2012, 119（3）: 546–572.

[4] Matthews K A, Gallo L C. Psychological perspectives on pathways linking socio-economic status and physical health [J]. Annual Review of Psychology, 2011, 4: 1–30.

值得注意的是，无论是情境实验，还是问卷调查，被试的相对自主指数都为负数，说明动机偏向受控的一端。这可能是由于在外部评价体系之下，学生很难做到真正出于自己的兴趣爱好而学习。回顾几千年来的教育文化，不难发现，劝学篇说的都是"学而优则仕""书中自有黄金屋"。家庭、学校乃至全社会建立了一套完整的外部评价体系，用以比较学生们的好坏优劣。然而根据自我决定论的观点，这样的环境是不利于学生产生自主动机的。再者，本系列研究的测量工具描述的是学生的班主任老师，并没有局限于某一特定学科。即使已经倡导并践行了多年的素质教育，但试图让学生对每一门学科都保持浓厚的兴趣几乎是不可能的。

学生的自主动机是一个重要的变量。第四章的研究证实了家庭环境变量和教师自主支持这两种环境变量都会影响学生的自主动机。第五章的研究进一步考察了教师自主支持与学生家庭环境变量对学生学习投入的影响，以及自主动机在其中的中介作用。结果发现，学生的自主动机在教师自主支持与学生学习投入之间起中介作用。具体来说，感知到教师自主支持的学生，自主动机水平增加，进而产生更多的学习投入。同时，感知到教师的自主支持也能直接促进学生的学习投入。这与已有的研究结论是一致的。Vansteenkiste等人[1]在对准教师、大学生和高中生被试所做的一系列研究中发现，教师提供内部目标并辅以自主支持的学习氛围，被试将会更认真地投入到学习活动中，被试的自主动机在其中起到部分中介作用。教师提供自主支持的环境，学生的各种学习探索活动不受"必须""应该"的束缚，这时个体会觉得自己的行为是自我决定的，对学习的好奇心免于干扰，挑战欲也更强，能够持续投入到学习活动中[2]。

---

[1] Vansteenkiste M, Simons J, Lens W, et al. Motivating Learning, Performance, and Persistence: The Synergistic Effects of Intrinsic Goal Contents and Autonomy-Supportive Contexts [J]. Journal of Personality and Social Psychology, 2004, 87（2）: 246-260.

[2] Deci E L, Ryan R M. The "what" and "why" of goal pursuits: Human needs and the self-determination of behavior [J]. Psychological Inquiry, 2000, 11（4）: 227-268.

根据自我决定理论的观点,当基本心理需求得到满足时,个体就会产生对事物的内在动机。而在三种基本心理需求中,自主需求最为重要。教师的自主支持强调减少对学生的强迫行为、承认学生的情感,以及给学生提供解释和自己选择的机会,让个体感受到自己是行动的决定者,满足个体的自主需求,从而产生自主动机。这种自主动机的积极效果促使学生产生更多的学习投入,体现出了自主动机的中介作用。

(二)学业归因与学习投入

学业归因与学习投入在家庭环境变量和学业成绩间还存在链式中介作用。换言之,学生因其所处的家庭环境变量产生了不同的归因倾向,由此带来的自主感的差异影响其投入学习的程度,进而在一定程度上影响学生的学业成绩。具体来说,一般环境者受到经济基础物质资源的限制,倾向于外归因,将学业表现归因于运气和情境等无法自主控制的因素。由于基本心理需求未得到满足,导致主动投入的学习行为减少,进而对学生获得优异成绩造成阻碍。家庭环境变量对学业成绩既有直接影响,又能通过中介变量产生间接影响,故既可以通过改善家庭亲子氛围、父母期望、家长参与等家庭因素,也可以通过改变学习者的归因方式、学习动机、学习投入等内在因素来提升其学业成绩。

因此,教育者可以从家庭和学生两个部分入手:通过沟通交流来完善家庭的教育价值观,通过归因训练来转变孩子的消极归因倾向。家长可以鼓励孩子在面对学业上的困难和挫折时保持积极乐观的健康心态,勇于直面困难、迎难而上,不轻言放弃;老师可以指导学生制订合适的学习目标,使学生在学习中能够循序渐进,更加清晰地看到自己在学习上所取得的进步,通过充分调动人的主观能动性,激发学生的学习动机并增强其学习投入程度,促使学生获得优异的学业成绩。

(三)学业归因与自我效能感

学业归因与自我效能感在家庭环境变量和学业成绩间还起着链式中介

作用。换言之，不同家庭环境的学生，因其所处的背景不同产生了不同的归因倾向，由此带来自我效能感的差异，进而在一定程度上影响学生的学业成绩。相对来说，一般环境者倾向于外归因，而且一般环境的家庭在情感投资方面也较少。孩子在学业方面得到的父母支持不足，使得他们难以对学业建立较高的自我效能感并进一步提升学业成绩。

对我们的教育启示在于：第一，家庭环境变量对中学生学业成绩有显著的直接影响，我们应该意识到教育过程中学习资源不足所导致的学业成绩低下，更加注意教育资源的均衡分配，防止优质教育资源垄断现象的出现；第二，家庭环境变量会影响中学生的学业归因，低家庭环境变量会使个体倾向于对学业结果进行消极归因，进而影响他们的学业成绩；因此，家长和教师可以有意识地引导中学生学习合理的归因模式，避免在遇到失败时仅将其归结为家庭经济状况不良等不可控因素；第三，家庭环境变量通过影响学业归因，影响个体的自我效能感水平，进而影响中学生学业成绩。低家庭环境变量者在对学业结果进行外部归因后，较难从学习中体验成就感，并容易在失败时将责任推卸到外界，逃避对自身问题的审视，自我效能感水平较低，因而缺乏对学习的兴趣和动力，进而影响学业表现和学业成绩。因此，家长和教师可以帮助中学生对学业中的成功与失败进行正确归因，引导其看到自身努力所带来的学业上的进步，培养其在学习中的自豪感和胜任感，逐步提高自我效能感水平，从而弱化家庭环境变量带来的局限。

（四）未来时间知觉与公正世界信念

首先，家庭环境变量通过未来时间洞察力的中介作用，影响中学生的学业成绩。具体来说，家庭环境变量高的个体，未来时间洞察力水平也比较高（更关注未来），进而会有一个良好的学业获得。这也支持了前人的研究：学业获得良好的学生往往对未来抱有积极的态度，认为未来目标是可以通过努力而实现的，进而形成一种自我强化，从而实现自己的目标。

依据社会环境的认知理论，高社会环境变量个体会对生活更具掌控感，认为现状是可以改变的，并且对过去的事情也持有更为积极的态度，对未来具有更多的规划，更关注未来。而低社会环境变量的个体则容易聚焦于过去出现失误的事情，更倾向于认为无论自己怎么做，生活都难以改变。因此对过去持更消极的态度，对现在则更相信命运，认为事情"本该如此"，对未来产生恐惧。因此社会环境变量越高的个体，其未来时间洞察力水平也越高。在认知水平上，未来取向的个体对于自己的未来会具有一个清晰的认识和良好的规划，并且在逐步实现这样的规划中有一个良好的兴趣体验。

其次，公正世界信念通过调节家庭环境变量可以影响未来时间洞察力。换言之，对于公正世界信念高的个体，家庭环境变量显著正向影响其未来时间洞察力水平。其中，良好环境个体的提升水平要优于一般环境的个体；但是对于公正世界信念低的个体，其家庭环境变量对未来时间洞察力的影响并不显著。也就是说，当公正世界信念由高水平转化为低水平时，削弱了家庭环境变量与中学生学业成绩的影响。这提示我们：具有较高的公正世界信念，对一般环境者来说，能更有效地提升其未来时间洞察力水平，进而促进其学业。

三、家庭因素的影响

（一）家庭客观因素的影响

家庭环境变量与学业成绩显著正相关，家庭环境变量能够正向预测学业成绩，体现了家庭环境对个体发展的重要性。具体而言：良好环境的家庭能够提供更多的学习机会，如选择师资力量更强的学校入学、提供专业的课后辅导等，有利于提升孩子的成绩；而一般环境的父母往往忙于生计，花在孩子学习上的时间有限，难以提供针对性的理解与帮助。亲子关系对学业成绩的影响也很大，良好环境人们所处环境更舒适、家庭氛围更和谐，良好的亲子关系利于家长更好地投入到孩子的学业中。相反，工作的压力与生活的负担使得一般环境父母与孩子之间积极的反馈较少，亲子氛围不佳，不利于孩子获得学习上的支持与帮助。此外，良好环境的父母自身教育水平较高，往往有着积极的教育价值观，能够支持鼓励孩子；一般环境家庭可能仅仅要求孩子保持好的学习成绩，容易在孩子未取得满意成绩时批评他们，影响他们对学习的兴趣和积极性。

同时，良好环境的个体拥有更多资源，自我感知也更高，愿意为子女的教育进行更多的投入。例如：鼓励孩子参加各种课外活动，注重孩子的素质教育等。而一般环境的父母由于面对资源的短缺、失业的恐慌等现实问题，导致他们对子女教育的投入明显低于良好环境的父母。

（二）家庭主观因素的影响

父母教育期望可以调节家庭环境变量对子女内部动机的影响。在父母高期望的作用下，家庭环境变量显著正向影响个体的学习动机；而在父母低期望时，这种预测作用相对较小。说明随着父母教育期望水平的提高，家庭环境变量对学生学习动机的促进作用被放大。这可能与不同家庭环境的父母表达教育期望的方式不同有关。虽然父母都希望自己的子女能够成龙成凤，但是对于一般环境的父母而言，他们更多采取外部目标的策略激励子女：读书是为了提高经济收入，读书是为了将来找个好工作，避免走父母的老路。这种教养方式更倾向于激发孩子的外部动机，而非内部动机，也就不利于孩子成绩的良好发展。良好环境的父母相对来说更注重教育投入的多元化，给予子女更多的自主支持，花费更多时间去陪伴。如此一来，父母较高的教育期望促进了子女的内部学习动机，从而提升学业成绩。

然而我们应该意识到，父母的教育期望是一把"双刃剑"。一方面，对良好环境的孩子而言，在父母高水平的教育期望下，家庭环境变量对内部学习动机的促进作用得以增强；但是对一般环境孩子的促进效果并不那么好。另一方面，父母的教育期望水平不应过低。因为教育期望较低时，不管是良好环境的，还是一般环境的家庭，其家庭环境对子女学业成绩的正向预测作用都被削弱了。换言之，我们不能一味强调父母教育期望的"量"，太高或过低都不好。而是更应该注重教育期望的"质"，以一种能够促进子女学习动机内化的方式表达教育期望，才是对子女学习有利的。

第二节　本书研究结论与展望

一、本书研究主要结论

本书研究的主要结论如下。

（一）教师因素对初中生学习的影响

（1）教师自主支持显著正向地影响了学生的自主动机。采用情境实验和问卷调查的方法都得出一致的结论：在教师提供自主支持的环境时，学生的自主动机分数显著高于处于控制环境下的分数。即教师自主支持显著正向地影响了学生的自主动机。

（2）教师提供自主支持的环境，对于一般环境的学生来说，其自主动机水平比在教师提供控制的环境下更高；而对于良好环境的学生来说，这种效应则不显著。采用情境实验和问卷调查的方法都得出一致的结论：一般环境者在教师提供自主支持的环境中，其自主动机显著高于控制的环境；而对于良好环境者来说，在教师提供自主支持或者控制的环境下，其自主动机水平没有显著差异。即家庭环境变量在教师自主支持影响学生自主动机的过程中起到调节作用。

（3）教师提供自主支持的环境对于一般环境的学生来说，有助于提高学生的自主动机，进而促进学生的学习投入；对于良好环境的学生来说，教师自主支持对学生自主动机和学习投入之间关系的作用不显著。采用情境实验和问卷调查的方法都得出一致的结论：教师自主支持能显著正向地影响学生的学习投入，即在自主支持的环境下的，学生的学习投入得分显著高于在控制环境下的得分；家庭环境变量在教师自主支持影响学生学习投入的过程中起到调节作用，即对于一般环境的学生来说，当教师提供自主支持的环境时，其学习投入的得分显著高于在控制的环境下的，而对于良好环境的学生来说，教师提供自主支持的环境时，其学习投入得分与在控制的环境下的得分不存在显著差异；学生的自主动机对上述调节作用起到中介作用，即对于一般环境的学生来说，教师自主支持显著正向影响其自主动机，进而正向影响了其学习投入的程度，然而对于良好环境的学生来说，教师自主支持对学生自主动机的影响不显著，进而对其学习投入程度的影响也不显著。

（4）教师提供自主支持的环境对于一般环境的学生来说，有助于提高学生的自主动机，促进学生的学习投入，进而影响其学习成绩；对于良好环境的学生来说，教师自主支持与学生自主动机、学习投入和学习成绩之间的关系不显著。教师自主支持能显著正向影响学生的学习投入，进而影响其学习成绩，即在自主支持的环境下，学生的学习投入得分显著高于在控制环境下的得分，进而导致其学习成绩更高；家庭环境变量在教师自主支持影响学生学习投入的过程中起到调节作用，即对于一般环境的学生来说，当教师提供自主支持的环境时，其学习投入的得分显著高于在控制的环境下的，而对于良好环境的学生来说，教师提供自主支持的环境时，其学习投入得分与在控制的环境下的得分不存在显著差异；学生的自主动机对上述调节起到中介作用，即对于一般环境的学生来说，教师自主支持显著正向影响其自主动机，进而正向影响了其学习投入的程度，对于良好环境的学生来说，教师自主支持对学生自主动机的影响不显著，进而对其学习投入程度的影响也不显著。

总之，不同环境的个体具有不同的认知与行为倾向，与良好环境者相比，一般环境者更易受到环境影响。因此，在学校教育中，教师可以更有针对性地提供自主支持的教学环境，促进一般环境学生自主动机的内化，提高其学习成绩。

（二）个体因素对初中生学习的影响

（1）家庭环境变量和教师自主支持这两种环境变量都会影响学生的自主动机。在教师自主支持与学生家庭环境变量对学生学习投入的影响中，自主动机起中介作用。具体来说，感知到教师自主支持的学生，自主动机水平增加，进而产生更多的学习投入。同时，感知到教师的自主支持也能直接促进学生的学习投入。

（2）学业归因与学习投入在家庭环境变量对初中生学业成绩的影响中起着链式中介作用。学生因其所处的家庭环境变量产生了不同的归因倾向（良好环境者倾向于内归因，一般环境者倾向于外归因），由此带来的自主感的差异影响其投入学习（内归因增加学习投入，外归因减少学习投入）的程度，进而在一定程度上影响学生的学业成绩。

（3）学业归因与自我效能感在家庭环境变量对初中生学业成绩的影响中起着链式中介作用。学生因其所处的家庭环境变量产生了不同的归因倾向（良好环境者倾向于内归因，一般环境者倾向于外归因），影响其自我效能感（内归因增强自我效能感，外归因削弱自我效能感），进而在一定程度上影响学生的学业成绩。

（4）在家庭环境变量对初中生学业成绩的影响中，未来时间洞察力起中介作用。具体来说，家庭环境变量高的个体，未来时间洞察力水平也比较高（更关注未来），进而会有一个良好的学业获得。公正世界信念能够调节家庭环境变量影响未来时间洞察力的过程。换言之，对于公正世界信念高的个体，家庭环境变量显著正向影响其未来时间洞察力水平。其中，良好环境个体的提升水平要优于一般环境的个体；但是对于公正世界信念低的个体，其家庭环境变量对未来时间洞察力的影响并不显著。

（三）家庭因素对初中生学习的影响

（1）家庭客观因素。家庭环境变量与学业成绩显著正相关，家庭环境变量能够正向预测学业成绩，体现了家庭环境对个体发展的重要性。具体而言：良好环境的家庭能够提供更多的学习机会，如选择师资力量更强的学校入学、提供专业的课后辅导等，有利于提升孩子的成绩；而一般环境的父母由于花在孩子学习上的时间有限，难以提供有针对性的理解与帮助，对子女学业成绩的促进作用有限。

（2）家庭主观因素。父母教育期望可以调节家庭环境变量对子女内部动机的影响。在父母高期望的作用下，家庭环境变量显著正向影响个体的学习动机；而在父母低期望时，这种预测作用相对较小。说明随着父母教育期望水平的提高，家庭环境变量对学生学习动机的促进作用被放大。

二、本书研究的贡献与不足

本书取得了一些有价值的研究成果，在以下方面对提升初中生的学业获得做出了一定贡献。

（一）研究意义

理论层面上，本书将对初中生学业获得的心理影响机制的探讨放在社会环境心理学的框架之下，融合教育心理学的研究发现，采取积极心理学的视角，打通学科壁垒。研究探讨了家庭环境变量对子女学业影响的交互作用机制，进一步丰富了社会环境心理学的理论。此外，本书重点关注了家庭环境因素，考察环境与个体的交互作用，为教育心理学的研究提供了新的视角。从学习投入而非学业倦怠的角度，探察提升学业获得的方法，为积极心理学的理论提供了证据，扩展了前人的研究发现。

实践层面上，本研究在中国文化背景下，通过严谨、科学的方法和程序，致力于回答"教师因素、家庭情境与个体因素如何交互影响初中生的学业获得"以及"如何利用这种交互影响提升青少年的学业获得"问题，探究教师、个体与家庭的影响机制，详细阐释了各种影响因素对学业的促进作用在何时起作用以及怎样起作用。这些结论可以为教学实践活动提供策略与方法上的指导，使教师与家长更加有的放矢，更有效地发挥家校联动的积极作用；同时，还有助于促进不同家庭环境，尤其是一般环境的学生提升学业获得，取得更好成绩。

（二）本书研究的贡献

与已有的研究相比较，本书研究的贡献主要体现在以下几个方面。

（1）首先，在自我决定论的理论框架下，首次考察了学生所处的家庭环境变量对教师自主支持积极作用的调节作用，并提出了有中介的调节作用模型。这对已有关于教师自主支持积极作用的研究领域是一个重要的推进。目前该领域的研究并没有对调节作用进行探讨，我们无从得知教师自主支持对学习积极作用的过程是怎样的。本研究提出的有中介的调节模型，比较深入地揭示了自主支持对学习成绩起作用的机制，阐明了自主支持发挥作用的条件，还揭示了自主支持在不同条件下，即对不同家庭环境被试来说，学习成绩存在差异的原因。因此，对教师自主支持的积极作用的现有研究是一个重要的推进。

（2）其次，将社会环境心理学的研究扩展到学习的领域，丰富了社会环境心理学的理论研究。社会环境心理学的研究发现，客观的物质资源和主观的感受导致了不同环境者在认知、情感和行为上存在巨大的差异。一般环境者需要面临沉重的生活压力和不时的安全威胁，导致其对生活的控制感下降。由于缺乏个人控制感，一般环境者比良好环境者更加关注周围的背景信息，因而更强调外在的情境因素对行为的影响。为了维持控制感，良好环境者对行为或事情倾向于作出个人内部归因，而一般环境者更倾向于作出外部情境归因。所以，相对于唯我主义的良好环境者来说，情境主义的一般环境者更容易受到环境因素的影响。本研究首次将这一系列极富逻辑的研究发现应用于中国文化背景之下，考察不同家庭环境的初中生的学习差异及其影响因素，得出与社会环境心理学研究相一致的结论，是社会环境心理学在教育领域的一次探索实践，因此对社会环境心理学的研究领域是一种推进。

（3）最后，在研究中考察了社会环境变量的主观指标，这是对研究指标的一种改进。虽然很多研究采用的是社会环境变量的客观指标，但是家庭客观社会环境变量与子女学业发展之间的关系尚存争议，而且，以客观尺度来衡量个体说出的相对环境时，会出现社会成员的主观感受与客观环境不一致的现象。此外，研究发现社会环境变量的主观指标比客观指标具有更好的预测效度。因此，本研究采用社会环境变量的主观测量对社会环境变量的研究指标是一种改进。

（三）本书研究的不足及未来的研究方向

（1）本书对因变量"教育获得"的指标，采取的是语文、数学、外语三科标准分数的均值。这样的处理既考虑了学科差异，又结合了测量学的思想，能更好地反映学生的成绩。但是学界有一种观点，认为"学业"指的是广义的学业，并不局限于知识技能的学习，其外延还包括人际交往技能的学习、个人综合素养的培养等。此外，"学业获得"既包括客观层面的"获得"，即分数；又涉及主观层面的"感受"，包含在学习活动中，个体体会到的资源拥有感、积极情绪体验、成就达成感和自我提升感。后续的研究可以丰富因变量的指标，将上述维度纳入。

（2）本书在自我决定论的理论框架下考察了教师因素对不同家庭环境初中生学习的影响。但是学生的教育获得是一个复杂的课题，除了教师自主支持，教师的教学手段、教学态度、人格特质及教师的职业倦怠等，都会对其造成深远的影响。所以对教师因素尚需进一步探讨，在现有教师自主支持对不同家庭环境学生影响的基础上，考察更多教师因素与外部环境之间的交互作用，更加真实准确地反映学生的教育获得。

（3）本书采用指导语启动的情境实验与问卷调查两种方法，是为了避免共同方法偏差，尽可能地确保研究的信度和效度。然而，在实际的教学工作中，情况更为复杂，教师需要应对随时出现的突发事件。因此，为了更贴近真实，情境，增加研究的生态学效度，课堂观察、现场实验都是后续研究应该考虑进一步改进的手段。

（4）社会环境心理学的研究已经得到了许多发现：客观的物质资源和主观的感受导致了不同环境的个体在认知、情感和行为上存在巨大的差异。以这些科学研究为依据，我们可以更有针对性地促进不同环境个体的知情意行。然而，由于一般环境者在客观资源和主观认知上处于相对"劣势"的地位，使得我们在应用研究发现时容易产生"贴标签"的行为。在研究中如何以更积极的视角来阐述、探讨，有待我们继续求索。

参考文献

[1] 暴占光. 初中生外在学习动机内化的实验研究[D]. 长春：东北师范大学，2006.

[2] 陈继文，郭永玉，胡小勇. 教师自主支持与初中生的学习投入：家庭社会阶层与学生自主动机的影响[J]. 心理发展与教育，2015（2）：180-187.

[3] 陈京军，李三福. 初中生成就归因、学业情绪预测学业成绩的路径[J]. 中国临床心理学杂志，2012，20（3）：392-394.

[4] 陈艳. 高中生感知教师自主支持对其学习动机内化的影响[D]. 武汉：华中师范大学，2008.

[5] 陈永进，黄希庭. 未来时间洞察力的目标作用[J]. 心理科学，2005（5）：1096-1099.

[6] 陈紫薇. 中学生父母教育期望与学习投入的关系[D]. 南京：南京师范大学，2019.

[7] 邓子谦，陈晓晨，韦庆旺. 从社会文化的视角看健康与教育的阶层差异[J]. 心理科学进展，2020（12）：2125-2136.

[8] 范兴华，方晓义，刘杨，等. 流动儿童歧视知觉与社会文化适应：社会支持和社会认同的作用[J]. 心理学报，2012，44（5）：647-663.

［9］方晓义，范兴华，刘杨．应对方式在流动儿童歧视知觉与孤独情绪关系上的调节作用［J］．心理发展与教育，2008，24（4）：93-99．

［10］方长春，风笑天．阶层差异与教育获得———一项关于教育分流的实证研究［J］．清华大学教育研究，2005，5：22-30．

［11］郭永玉，杨沈龙，李静，等．社会阶层心理学视角下的公平研究［J］．心理科学进展，2015，23（8）：1299-1311．

［12］郭正茂，杨剑．青少年运动员公正世界信念与运动成绩的关系——感知教练支持和运动环境公正的链式中介［J］．沈阳体育学院学报，2021，40（1）：85-93．

［13］韩仁生．中小学生归因训练的实验研究［J］．心理学报，1998，4：442-451．

［14］侯杰泰，温忠麟，成子娟．结构方程模型及其应用［M］．北京：教育科学出版社，2004．

［15］胡桂英，许百华．中学生学习自我效能感、学习策略与学业成就的关系［J］．浙江大学学报（理学版），2003（4）：477-480．

［16］胡小勇，郭永玉，李静，等．社会公平感对不同阶层目标达成的影响及其过程［J］．心理学报，2016（3）：271-289．

［17］胡小勇，郭永玉．目标内容效应及其心理机制［J］．心理科学进展，2008，16（5）：826-832．

［18］胡小勇，李静，芦学璋，等．社会阶层的心理学研究：社会认知视角［J］．心理科学，2014，37（6）：1509-1517．

［19］胡小勇．低阶层者的目标追求：社会公平与自我调节的影响［D］．武汉：华中师范大学，2014．

［20］怀默霆．中国民众如何看待当前的社会不平等［J］．社会学研究，2009，1：96-120．

［21］黄希庭．论时间洞察力［J］．心理科学，2004（1）：5-7．

［22］蒋虹，吕厚超．青少年未来时间洞察力与学业成绩的关系：坚韧性的中介作用［J］．心理发展与教育，2017（3）：321-327．

[23] 蒋文，蒋奖，杜晓鹏，等. 坚毅人格与学业成就的关系：学习投入的中介作用[J]. 中国特殊教育，2018（4）：91-96.

[24] 匡亚萍. 家庭文化资本对大学生学习动机的影响研究[D]. 长沙：湖南师范大学，2020.

[25] 李春玲. 社会政治变迁与教育机会不平等——家庭背景及制度因素对教育获得的影响（1940-2001）[J]. 中国社会科学，2003，3.

[26] 李静. 不同社会阶层对贫富差距的归因倾向研究[D]. 武汉：华中师范大学，2012.

[27] 李莎. 高中生学业归因与成绩的关系[D]. 武汉：华中师范大学，2020.

[28] 李小新，任志洪，胡小勇，等. 低家庭社会阶层大学生为何更容易社交焦虑？——心理社会资源和拒绝敏感性的多重中介作用[J]. 心理科学，2019（6）：1354-1360.

[29] 李正东. 试论中国中产阶层——当前中国社会转型进程中社会结构整合的动态探索[J]. 广东社会科学，2001，2：99-105.

[30] 李志峰. 家庭背景对学业成绩的影响研究[D]. 济南：山东师范大学，2013.

[31] 李忠路，邱泽奇. 家庭背景如何影响儿童学业成就？——义务教育阶段家庭社会经济地位影响差异分析[J]. 社会学研究，2016（4）：121-144.

[32] 梁杏梅，郭浩. 家庭环境与教育方式的阶层分化——基于ceps2014-2015数据分析[J]. 统计与管理，2021，36（1）：89-94.

[33] 梁宇颂. 大学生成就目标、归因方式与学业自我效能感的研究[D]. 武汉：华中师范大学，2000.

[34] 廖友国，何伟，陈敏. 大学生学习投入不良归因问卷的编制及信效度检验[J]. 闽江学院学报，2017（1）：55-61.

[35] 蔺秀云，王硕，张曼云，等. 流动儿童学业表现的影响因素——从教育期望、教育投入和学习投入角度分析[J]. 北京师范大学学

报（社会科学版），2009，5：41-47.

[36] 刘加霞．中学生学习动机，学习策略与学业成绩的关系研究［J］．北京教育学院学报，1998（3）：32-37.

[37] 刘丽丽，孙崇勇．高中生学业成就归因、心理韧性与心理资源投入的关系［J］．陕西学前师范学院学报，2019，35（9）：109-114.

[38] 刘云杉，王志明，杨晓芳．精英的选拔：身份、地域与资本的视角——跨入北京大学的农家子弟（1978-2005）［J］．清华大学教育研究，2009，5：42-59.

[39] 陆学艺．当代中国社会阶层研究报告［M］．北京：社会科学文献出版社，2002.

[40] 陆学艺．当代中国社会阶层的分化与流动［J］．江苏社会科学，2003，4：1-9.

[41] 罗云，赵鸣，王振宏．初中生感知教师自主支持对学业倦怠的影响：基本心理需要、自主动机的中介作用［J］．心理发展与教育，2014，30（3）：312-321.

[42] 罗周清．家庭背景对初中生学业成绩影响的实证研究［D］．长沙：湖南大学，2014.

[43] 吕宪军，王延玲．归因理论与学习动机［J］．辽宁师范大学学报，2002（5）：56-58.

[44] 马磊，刘欣．中国城市居民的分配公平感研究［J］．社会学研究，2010（5）：31-49.

[45] 潘利若，杜丹．农村中小学生场认知风格、学业成绩与家庭社会经济地位（SES）的关系［J］．魅力中国，2009（2）：21-22.

[46] 浦小松．Stem兴趣、家庭背景与学习成绩——基于全国14418名中学生的无序多分类logit模型分析［J］．基础教育，2020，17（5）：72-88.

[47] 钱慧．中学生自我决定动机的初步研究［D］．上海：华东师范大学，2007.

[48] 任春荣. 学生家庭社会经济地位(SES)的测量技术[J]. 教育学报, 2010(5): 77-82.

[49] 任萍, 张云运, 秦幸娜, 等. 初中生公正世界信念对其学业成就的影响: 感知的教师支持和班级公正的中介作用[J]. 心理发展与教育, 2017, 33(2): 191-197.

[50] 师保国, 申继亮. 家庭社会经济地位、智力和内部动机与创造性的关系[J]. 心理发展与教育, 2007(1): 30-34.

[51] 石雷山, 陈英敏, 侯秀, 等. 家庭社会经济地位与学习投入的关系: 学业自我效能的中介作用[J]. 心理发展与教育, 2013, 1: 71-78.

[52] 宋广文, 鲍万杰, 何文广. 中学生学习倦怠与未来时间洞察力、成就目标取向的关系[J]. 心理与行为研究, 2013, 11(4): 478-482.

[53] 王春光, 李炜. 当代中国社会阶层的主观性建设和客观实在[J]. 江苏社会科学, 2002, 4: 95-100.

[54] 王凯荣, 辛涛, 李琼. 中学生自我效能感、归因与学习成绩关系的研究[J]. 心理发展与教育, 1999(4): 22-25.

[55] 王世谊. 当代中国社会环境变量结构的变化新探[J]. 社会科学, 2003, 6: 42-51.

[56] 王伟宜, 刘秀娟. 家庭文化资本对大学生学习投入影响的实证研究[J]. 高等教育研究, 2016(4): 71-79.

[57] 王振宏, 刘萍. 动机因素、学习策略、智力水平对学生学业成就的影响[J]. 心理学报, 2000, 1: 65-69.

[58] 温忠麟, 侯杰泰, 张雷. 调节效应和中介效应的比较和应用[J]. 心理学报, 2005, 37(2): 268-274.

[59] 温忠麟, 叶宝娟. 有调节的中介模型检验方法: 竞争还是替补?[J]. 心理学报, 2014, 46(5): 714-726.

[60] 温忠麟, 张雷, 侯杰泰, 等. 中介效应检验程序及其应用[J]. 心

理学报，2004，36（5）：614-620.

[61] 文超，张卫，李董平，等. 初中生感恩与学业成就的关系：学习投入的中介作用[J]. 心理发展与教育，2010（6）：598-605.

[62] 吴才智，荣硕，朱芳婷，等. 基本心理需要及其满足[J]. 心理科学进展，2018（6）：1063-1073.

[63] 谢爱磊，洪岩璧，匡欢，等. "寒门贵子"：文化资本匮乏与精英场域适应——基于"985"高校农村籍大学生的追踪研究[J]. 北京大学教育评论，2018，16（4）：45-64，185.

[64] 熊和妮. 底层式"望子成龙"——劳动阶层父母教育期望的内容与特点[J]. 民族教育研究，2017（5）：107-114.

[65] 徐富明，张慧，马红宇，等. 贫困问题：基于心理学的视角[J]. 心理科学进展，2017（8）：1431-1440.

[66] 杨东平. 高中阶段的社会分层和教育机会获得[J]. 清华大学教育研究，2005，3：52-59.

[67] 杨东平. 高等教育入学机会：扩大之中的阶层差距[J]. 清华大学教育研究，2006，1：19-25.

[68] 叶宝娟，温忠麟. 有中介的调节模型检验方法：甄别和整合[J]. 心理学报，2013，45（9）：1050-1060.

[69] 余安邦，杨国枢. 社会取向成就动机和个我取向成就动机：概念分析与实验研究[J]. 中央研究院民族学研究所集刊，1989，64：51-89.

[70] 张峰. 社会环境变量与大学生时间洞察力的关系研究[J]. 鲁东大学学报（哲学社会科学版），2020，37（6）：85-89.

[71] 张梅，黄四林，孙铃，等. 公正世界信念对大学生学习成绩的影响：时间管理的解释[J]. 心理发展与教育，2018，34（3）：330-337.

[72] 张学民，申继亮. 中学生学习动机、成就归因、学习效能感与成就状况之间因果关系的研究[J]. 心理学探新，2002，4：33-37.

[73] 张竹，杨新荣，牟晓春，等．学习投入和学习机会对初中生数学成绩的影响：基于多层次模型的分析[J]．西南大学学报(自然科学版)，2021（4）：18-26．

[74] 郑晨．阶层归属意识及其成因分析——中国广州市居民的一项调查[J]．浙江学刊，2001（3）：114-116．

[75] 郑杭生，李璐璐．当代中国城市社会结构：现状与趋势[M]．北京：中国人民大学出版社，2004．

[76] 郑洁．家庭社会经济地位与大学生就业———一个社会资本的视角[J]．北京师范大学学报（社会科学版），2004（3）：111-118．

[77] 中国社会科学院"当代中国人民内部矛盾研究"课题组．城市人口的阶层认同现状及影响因素[J]．中国人口科学，2004，5：19-25．

[78] 周春燕．公正世界信念对不同社会阶层的个体与社会功能研究[D]．武汉：华中师范大学，2013．

[79] 周浩，龙立荣．共同方法偏差的统计检验与控制方法[J]．心理科学进展，2004，12（6）：942-950．

[80] Ackerman B P, Brown E D, Izard C E. The relations between persistent poverty and contextual risk and children's behavior in elementary school [J]. Developmental Psychology, 2004, 40（3）：367-377.

[81] Adler N E, Epel E S, Castellazzo G, et al. Relationship of subjective and objective social class with psychological functioning: Preliminary data in healthy White women [J]. Health Psychology, 2000, 19: 586-592.

[82] Adler N E, Singh-Manoux A, Schwartz J, et al. Social status and health: a comparison of British civil servants in Whitehall-II with European-and African-Americans in CARDIA [J]. Social Science &

Medicine, 2008, 66 (5): 1034-1045.

[83] Aikens N L, Barbarin O. Socio-economic differencesin reading trajectories: The contribution of family, neighbourhood, and school contexts [J]. Journal of Educational Psychology, 2008, 100: 235-251.

[84] Alexander K L, Entwisle D R, Horsey C. From First Grade Forwarded: Early Foundations of High School Dropout [J]. Sociology of Education, 1997, 70 (2): 87-107.

[85] Allendorf D H, Puigdellívol M, Brown G C. Activated microglia desialylate their surface, stimulating complement receptor 3 - mediated phagocytosis of neurons [J]. Glia, 2020, 68 (5): 989-998.

[86] Amabile T M. Motivation and creativity: Effects of motivational orientation on creative writers [J]. Journal of Personality and Social Psychology, 1985, 48: 393-399.

[87] Amelang M, Steinmayr R. Is there a validity increment for tests of emotional intelligence in explaining the variance of performance criteria? [J]. Intelligence, 2006, 34: 459-468.

[88] Anderson C, Galinsky A D. Power, optimism, and risk-taking [J]. European Journal of Social Psychology, 2006, 36: 511-536.

[89] Baard P P, Deci E L, Ryan R M. The relation of intrinsic need satisfaction to performance and well-being in two work settings [J]. Journal of Applied Social Psychology, 2004, 34: 2045-2068.

[90] Bandura A. Self-efficacy: The exercise of control [M]. New York: W. H. Freeman and Company, 1997.

[91] Baumeister R F, Vohs K D. Self-regulation, ego depletion, and motivation [J]. Social and Personality Psychology Compass, 2007, 1: 1-14.

[92] Baumert J, Watermann R, Schümer G. Disparities in educational

participation and attainment: An institutional and individual mediation model [J]. European Journal of Personality, 2003, 6: 46–72.

[93] Bergin C C, Wang Z, Bergin D A, et al. Student classroom engagement in 4th to 12th grade. Poster presented at the annual meeting of American Educational Research Association [M]. New Orleans, LA, 2011.

[94] Black A E, Deci E L. The effects of instructors' autonomy support and students' autonomous motivation on learning organic chemistry: A self-determination theory perspective [J]. Science Education, 2000, 84: 740–756.

[95] Blalock H M, Blau P M, Duncan O D, et al. The american occupational structure [J]. American Sociological Review, 1967, 33(2): 296.

[96] Blumenfeld P C, Meece J L. Task factors, teacher behavior, and students' involvement and use of learning strategies in science [J]. Elementary School Journal, 1988, 88: 235–250.

[97] Bourdieu P. The forms of capital [J]. Handbook of theory and research for the sociology of education, 1996: 241–258.

[98] Bowman N A, Kitayama S, Nisbett R E. Social class differences in self, attribution, and attention: Socially expansive individualism of middle-class Americans [J]. Personality and Social Psychology Bulletin, 2009, 35: 880–893.

[99] Bradley R H, Corwyn R F. Socio-economic status and child development [J]. Annual Review of Psychology, 2002, 53: 371–399.

[100] Browne M W, Cudeck R. Alternative ways of assessing model fit [J]. Testing Structural Equation Models, Newbury Park, Sage, 1993: 136–162.

[101] Buhs E S, Ladd G W. Peer rejection as an antecedent of young children's school adjustment: An examination of mediating process [J].

Developmental Psychology, 2001, 37: 550–560.

[102] Carstensen Laura L, Isaacowitz Derek M, Charles Susan T. Taking time seriously: A theory of socioemotional selectivity [J]. American Psychologist, 1999, 54(3): 155–181.

[103] Carvalho R G. Quantitative and qualitative assessment of adolescents' future time perspective [J]. Paidéia, 2015, 25(61): 163–172.

[104] Chevalier A, Lanot G. The Relative Effect of Family Characteristics and Financial Situation on Educational Achievement [J]. Education Economics, 2002, 10(2): 165–181.

[105] Chirkov V I, Ryan R M. Parent and teacher autonomy-support in Russian and U. S. Adolescents: Common effects on well-being and academic motivation [J]. Journal of Cross Cultural Psychology, 2001, 32: 618–635.

[106] Christie A M, Barling J. Disentangling the indirect links between SES and health: The dynamic roles of work stressors and personal control[J]. Journal of Applied Psychology, 2009, 94: 1466–1478.

[107] Clark K E, Ladd G W. Connectedness and autonomy support in parent-child relationships: Links to children's socio-emotional orientation and peer relationships [J]. Developmental Psychology, 2000, 36: 485–498.

[108] Coleman, James. Social capital in the creation of human capital [J]. American Journal of Sociology, 1988, 94: 95–120.

[109] Connell J P. Context, self, and action: A motivational analysis of self-systemprocesses across the life-span [J]. The self in transition: Infancyto childhood, 1990: 61–97.

[110] Connell J P, Wellborn J G. Competence, autonomy, and relatedness: Amotivational analysis of self-system processes [J]. Minnesota

Symposium on Child Psychology, 1991: 23.

[111] Crockett L J, Schulenberg J E, Petersen A C. Congruence between objective and self-report data in a sample of young adolescents [J]. Journal of Adolescent Research, 1987, 2 (4): 383-392.

[112] Davis-Kean, Pamela E. The Influence of Parent Education and Family Income on Child Achievement: The Indirect Role of Parental Expectations and the Home Environment [J]. Journal of Family Psychology, 2005, 19 (2): 294-304.

[113] Deci E L, Eghrari H, Patrick B C, et al. Facilitating internalization: The self-determination theory perspective [J]. Journal of Personality, 1994, 62: 119-142.

[114] Deci E L, Ryan R M. The support of autonomy and the control of behavior [J]. Journal of Personality and Social Psychology, 1987, 53 (6): 1027-1037.

[115] Deci E L, Ryan R M. The "what" and "why" of goal pursuits: Human needs and the self-determination of behavior [J]. Psychological Inquiry, 2000, 11 (4): 227-268.

[116] Deci E L, Ryan R M. Facilitating optimal motivation and psychological well-being across life's domains [J]. Canadian Psychology, 2008, 49: 24-34.

[117] Deci E L, Vansteenkiste M. Self-determination theory and basic need satisfaction: Understanding human development in positive psychology [J]. Ricerche di Psichologia, 2004, 27: 17-34.

[118] Edwin A L. Toward a theory of task motivation and incentives [J]. Organizational Behavior and Human Performance, 1968, 3 (2): 157-189.

[119] Evans M D R, Kelley J, Sikora J, et al. Family scholarly culture and educational success: Books and schooling in 27 nations [J].

Research in Social Stratification and Mobility, 2010, 28: 171-197.

[120] Finn J D, Pannozzo G M, Voelkl K E. Disruptive and inattentive withdrawn behavior and achievement among fourth graders [J]. Elementary School Journal, 1995, 95: 421-454.

[121] Fredricks J, Blumenfield P, Paris A. School engagement: potential of the concept, state of the evidence [J]. Review of Educational Research, 2004, 74 (1): 59-109.

[122] Gagné M, Ryan R M, Bargmann K. Autonomy support and need satisfaction in themotivation and well-being of gymnasts [J]. Journal of Applied Sport Psychology, 2003, 15: 372-390.

[123] Goldman N, Cornman J, Chang M C. Measuring subjective social status: A case study of older Taiwanese [J]. Journal of Cross-Cultural Gerontology, 2006, 21: 71-89.

[124] Goodman E, Adler N E, Kawachi I, et al. Adolescents' perceptions of social status: Development and evaluation of a new indicator [J]. Pediatrics, 2001, 108: 1-8.

[125] Grolnick W S, Ryan R M. Parent styles associated with children's self-regulation and competence in school [J]. Journal of Educational Psychology, 1989, 81: 143-154.

[126] Grossmann I, Varnum M E W. Social class, culture, and cognition [J]. Social Psychological and Personality Science, 2011, 2: 81-89.

[127] Grouzet F M, Kasser T, Ahuvia A, et al. The structure of goal contents across 15 cultures [J]. Journal of personality and social psychology, 2005, 89 (5): 800-816.

[128] Hafer C L. Do innocent threaten the belief in a just world? Evidence from a modified stroop task [J]. Journal of Personality and Social Psychology, 2000, 79 (2): 165-173.

[129] Hafer C L. Experimental research on just-world theory: problems,

developments, and future challenges [J]. Psychological Bulletin, 2005, 131 (1): 128-167.

[130] Hagger M S, Chatzisarantis N L D. Intrinsic motivation and self-determination in exercise and sport [J]. Champaign, IL: Human Kinetics, 2007 (2): 113-123.

[131] Hair J F, Anderson R E, Tatham R L, et al. Multivariate analysis [M]. Englewood: Prentice Hall International, 1998.

[132] Halvari A E M, Halvari H. Motivational predictors of change in oral health: An experimental test of self-determination theory [J]. Motivation and Emotion, 2006, 30 (4): 294-305.

[133] Hayes A F, Rockwood N J. Conditional Process Analysis: Concepts, Computation, and Advances in the Modeling of the Contingencies of Mechanisms [J]. American Behavioral Scientist, 2019, 64 (1): 19-54.

[134] Hayes A F. Introduction to mediation, moderation, and conditional process analysis: A regression-based approach [M]. New York: Guilford Press, 2013.

[135] Bembenutty H, Karabenick S A. Inherent Association Between Academic Delay of Gratification, Future Time Perspective, and Self-Regulated Learning [J]. Educational Psychology Review, 2004 (1): 35-57.

[136] Helme S, Clarke D. Identifying cognitive engagement in the mathematicsclassroom [J]. Mathematics Education Research Journal, 2001, 13: 133-153.

[137] Lyu H C, Huang X T. Development and validation of Future Time Perspective Scale for Adolescents and Young Adults [J]. Time & Society, 2016, 25 (3): 533-551.

[138] Hsiao D'Ailly. Children's Autonomy and Perceived Control in

Learning: A Model of Motivation and Achievement in Taiwan [J]. Journal of Educational Psychology, 2003, 95（1）: 84-96.

[139] Hughes J N, Luo W, Kwok O, et al. Teacher-student support, effortful engagement, and achievement: A 3-year longitudinal study[J]. Journal of Educational Psychology, 2008, 100: 1-14.

[140] Hyungshim J, Reeve J, Deci E L. Engaging students in learning activities: It is not autonomy support or structure but autonomy support and structure[J]. Journal of Educational Psychology, 2010, 102（3）: 588-600.

[141] Iyengar S S, Lepper M R. Rethinking the value of choice: A cultural perspective on intrinsic motivation [J]. Journal of Personality and Social Psychology, 1999, 76（3）: 349-366.

[142] Coleman J. The Concept of Equality of Educational Opportunity [J]. Harvard Educational Review, 1968, 38（1）: 7-22.

[143] Jang H. Supporting students' motivation, engagement, and learning during an uninteresting activity [J]. Journal of Educational Psychology, 2008, 100（4）: 798-811.

[144] Ji L J, Zhang Z, Nisbett R E. Is it culture, or is it language? Examination of language effects in cross-cultural research on categorization [J]. Journal of Personality and Social Psychology, 2004（87）: 57-65.

[145] John P S, Fullagar C J. Facilitators and Outcomes of Student Engagement in a College Setting [J]. The Journal of Psychology, 2009, 143（1）: 5-27.

[146] Jost J T, Pelham B W, Sheldon O, et al. Social inequality and the reduction of ideological dissonance on behalf of the system: evidence of enhanced system justification among the disadvantaged [J]. European Journal of Social Psychology, 2003, 33（1）: 13-36.

[147] Johnson W, Krueger R F. Higher perceived life control decreases

genetic variance in physical health: Evidence from a national twin study [J]. Journal of personality and social psychology, 2005, 88(1): 165-173.

[148] Johnson W, Brett C E, Deary I J. Intergenerational class mobility in Britain: A comparative look across three generations in the Lothain Birth Cohort 1936 [J]. Intelligence, 2010, 38: 268-281.

[149] Jolibert A, Baumgartner G. Values, motivations, and personal goals: Revisited [J]. Psychology and Marketing, 1997, 14: 675-688.

[150] Joussnmet M, Koestner R, Lekes N, et al. Introducing uninteresting tasks tochildren: A comparison of the effects of rewards and autonomy support [J]. Journal of Personality, 2004, 72: 139-166.

[151] Kiuru N, Pakarinen E, Vasalampi K, et al. Task-focused behavior mediates the associations between supportive interpersonal environments and students' academic performance [J]. Psychological Science, 2014, 25(4): 1018-1024.

[152] Kluegel J R, Smith E R. Beliefs about inequality: Americans' views of what is and what ought to be [M]. Aldine de Gruyter, 1986.

[153] Kraus M W, Keltner D. Signs of socioeconomic status: A thin-slicing approach [J]. Psychological Science, 2009, 20: 99-106.

[154] Kraus M W, Stephens N M. A road map for an emerging psychology of social class [J]. Social & Personality Psychology Compass, 2012, 6(9): 642-656.

[155] Kraus M W, Côté S, Keltner D. Social class, contextualism, and empathic accuracy [J]. Psychological science, 2010, 21(11): 1716-1723.

[156] Kraus M W, Horberg E J, Goetz J L, et al. Social class rank, threat vigilance, and hostile reactivity [J]. Personality Society Psychology

Bulletin, 2011, 37 (10): 1376-1388.

[157] Kraus M W, Piff P K, Keltner D. Social class, sense of control, and social explanation [J]. J Pers Soc Psychol, 2009, 97 (6): 992-1004.

[158] Kraus M W, Piff P K, Keltner D. Social Class as Culture: The Convergence of Resources and Rank in the Social Realm [J]. Current Directions in Psychological Science, 2011, 20 (4): 246-250.

[159] Kraus M W, Piff P K, Mendoza-Denton R, et al. Social class, solipsism, and contextualism: how the rich are different from the poor [J]. Psychol Rev, 2012, 119 (3): 546-572.

[160] Lachman M E, Weaver S L. The sense of control as a moderator of social class differences in health and well-being [J]. Journal of Personality and Social Psychology, 1998, 74 (3): 763-773.

[161] Laurin K, Fitzsimons G M, Kay A C. Social disadvantage and the self-regulatory function of justice beliefs [J]. Journal of personality and social psychology, 2010, 100 (1): 149-172.

[162] Lederman N G, Gess-Newsome J. Metamorphosis adaptation or evolution? Preservice science teacher's concerns and perceptions of teaching and planning [J]. Science Education, 1991 (4).

[163] Wößmann L. Educational Production in East Asia: The Impact of Family Background and Schooling Policies on Student Performance [J]. German Economic Review, 2005 (6): 331-353.

[164] Mageau G A, Vallerand R J. The coach-athlete relationship: A motivational model [J]. Journal of Sports Sciences, 2003, 21: 883-904.

[165] Mahalingam R. Essentialism, power, and the representation of social categories: A folk sociology perspective [J]. Human Development, 2007, 6: 300-319.

[166] Mani A, Mullainathan S, Shafir E, et al. Poverty impedes cognitive function [J]. Science. 30, 2013, 341 (6149): 976-980.

[167] Marks G N, Cresswell J, Ainley J. Explaining socio-economic inequalities in student achievement: The role of home and school factors [J]. Educational Research and Evaluation, 2006, 12: 105-128.

[168] Marks H M. Student engagement in instructional activity: Patterns in the elementary, middle, and high school years [J]. American Educational Research Journal, 2000, 37: 153-184.

[169] Masarik A S, Conger R D. Stress and child development: a review of the family stress model [J]. Current Opinion in Psychology, 2017, 13: 85-90.

[170] Matthews K A, Gallo L C. Psychological perspectives on pathways linking socio-economic status and physical health [J]. Annual Review of Psychology, 2011, 4: 1-30.

[171] McLoyd V C. Socioeconomic disadvantage and child development [J]. American Psychologist, 1998, 53 (2): 185-204.

[172] Lerner M J. The Belief in a Just World: A Fundamental Delusion [M]. New York: Plenum Press, 1980.

[173] Mercy JA, Steelman LC. Familial influence on the intellectual attainment of children [J]. Am. Sociol. Rev, 1982, 47: 532-542.

[174] Lawson M A, Lawson H A. New Conceptual Frameworks for Student Engagement Research, Policy, and Practice [J]. Review of Educational Research, 2013, 83 (3): 432-479.

[175] Midgley C, Feldlaufer H, Eccles J S. Student teacher relations and attitudes toward mathematics before and after the transition to junior high school [J]. Child Development, 1989, 60: 981-992.

[176] Miserandino M. Children Who Do Well in School: Individual

Differences in Perceived Competence and Autonomy in Above-Average Children [J]. Journal of Educational Psychology, 1996, 88: 203-214.

[177] Mueller C W, Parcel T L. Measures of socio-economicstatus: Alternatives and recommendations [J]. Child Development, 1981, 52: 13-20.

[178] Muller D, Judd C M, Yzerbyt V Y. When moderation is mediated and mediation is moderated [J]. Journal of Personality and Social Psychology, 2005, 89 (6): 852-863.

[179] National Research Council, Institute of Medicine. Engaging schools: Fostering high school students' motivation to learn [M]. Washington, DC: National Academy Press, 2004.

[180] Newmann F, Wehlage G G, Lamborn S D. The significance and sources of student engagement [J]. Student engagement and achievement in American secondary schools, 1992: 11-39.

[181] Nuttin J. Future time perspective and motivation [M]. Leuven University Press; Lawrence Erlbaum Associates, 1985.

[182] Oakes J M, Rossi P H. The measurement of SES in health research: Current practice and steps toward a new approach [J]. Social Science & Medicine, 2003, 56: 769-784.

[183] Page-Gould E, Koslov K, Mendes W B. Powerful and contagious: Social power drives physiological synchrony during social interactions [M]. Unpublished manuscript, 2012.

[184] Pasearella E T, Terenzizi P T. How College Affects Students: A Third Decade of Research [M]. San Francisco: Jossey-Bass, 2005.

[185] Patrick T T, Laura I R, Upcraft M L, et al. The Transition to College: Diverse Students, Diverse Stories [J]. Research in Higher Education, 1994, 35 (1): 57-73.

[186] Pelletier L G, Fortier M S, Vallerand R J, et al. Associations among perceived autonomy support, forms of self-regulation, and persistence: A prospective study[J]. Motivation and Emotion, 2001(25): 279-306.

[187] Piff P K, Kraus M W, Côté S, et al. Having less, giving more: The influence of social class on prosocial behavior[J]. Journal of Personality and Social Psychology, 2010, 99(5): 771-784.

[188] Podsakoff P M, MacKenzie S B, Lee J Y, et al. Common Method Biases in Behavioral Research: A Critical Review of the Literature and Recommended Remedies[J]. Journal of Applied Psychology, 2003, 88: 879-903.

[189] Pratto F, Sidanius J, Levin S. Social Dominance Theory and the Dynamics of Intergroup Relations: Taking Stock and Looking Forward[J]. European Review of Social Psychology, 2006, 17: 271-320.

[190] Pratto F, Sidanius J, Stallworth L M, et al. Social Dominance Orientation: A Personality Variable Predicting Social and Political Attitudes[J]. Journal of Personality and Social Psychology, 1994, 67(4): 741-763.

[191] Rachid Laajaj. Endogenous time horizon and behavioral poverty trap: Theory and evidence from Mozambique[J]. Journal of Development Economics, 2017, 127: 187-208.

[192] Randolph K A, Fraser M W, Orthner D K. A strategy for assessing the impact of time varying family risk factors on high school dropout[J]. Journal of Family Issues, 2006, 27(7): 933-950.

[193] Ratelle C F, Guay F, Robert J, et al. Autonomous, controlled types of academic motivation: A person-oriented analysis[J]. Journal of Educational Psychology, 2007, 99(4): 734-746.

[194] Reeve J. Self-determination theory applied to educational settings[J].

Handbook of self-determination research, 2002: 184-203.

[195] Reeve J, Jang H, Carrell D, et al. Enhancing students' engagement by increasing teachers' autonomy support [J]. Motivation and Emotion, 2004, 28 (2): 147-169.

[196] Reyes M R, Brackett M A, Rivers S E, et al. Classroom emotional climate, student engagement, and academic achievement [J]. Journal of Educational Psychology, 2012, 104 (3): 700-712.

[197] Axelson R D, Flick A. Defining Student Engagement [J]. Change: The Magazine of Higher Learning, 2011, 1: 38-43.

[198] Robbins S B, Lauver K, Le H, et al. Do psychosocial and study skill factors predict college outcomes? A meta-analysis [J]. Psychological Bulletin, 2004, 130 (2): 261-288.

[199] Rothon C, Arephin M, Klineberg E, et al. Structural and socio-psychological influences on adolescents' educational aspirations and subsequent academic achievement [J]. Social Psychology of Education, 2011, 14 (2): 209-231.

[200] Rudolph K D, Lambert S F, Clark A G, et al. Negotiating the transition to middle school: The role of self-regulatory processes [J]. Child Development, 2001, 72: 929-946.

[201] Ryan R M, Deci E L. Self-Determination Theory and the Facilitation of Intrinsic Motivation, Social Development, and Well-Being [J]. American Psychologist, 2000, 55 (1): 68-78.

[202] Ryan R M, Deci E L. Self-regulation and the problem of human autonomy: Does psychology need choice, self-determination and will? [J]. Journal of Personality, 2006, 74: 1557-1586.

[203] Ryan R M, Grolnick W S. Origins and paws in the classroom: Self-report and projective assessments of individual differences in children's perceptions [J]. Journal of Personality and Social Psychology,

1986, 50: 550-558.

[204] Ryan R M, Connell J P. Perceived locus of causality and internalization: Examining reasons for acting in two domains [J]. Journal of Personality and Social Psychology, 1989, 57(5): 749-761.

[205] Ryan R M, Deci E L. Self-determination theory and the facilitation of intrinsic motivation, social development, and well-being [J]. American Psychologist, 2000, 55(1): 68-78.

[206] Ryan R M, Plant R W, O'Malley S. Initial motivations for alcohol treatment: Relations with patient characteristics, treatment involvement and dropout [J]. Addictive Behaviors, 1995, 20: 279-297.

[207] Sakurai K, Kawakami N, Yamaoka K, et al. The impact of subjective and objective social status on psychological distress among men and women in Japan [J]. Social science & medicine, 2010, 70(11): 1832-1839.

[208] Salanova M, Schaufel W B, Martinez I M, et al. How obstacles and facilitators predict academic performance: The mediating role of study burnout and engagement [J]. Anxiety, Stress and Coping, 2010, 23: 53-70.

[209] Sara S, Ann-Margret R, Fan Y W. ADHD symptoms, academic achievement, self-perception of academic competence and future orientation: a longitudinal study [J]. Scandinavian Journal of Psychology, 2013, 54(3): 205-212.

[210] Schachter F F, Marquis R E, Shore E, et al. Everyday mother talk to toddlers: Early intervention [M]. New York: Academic Press, 1979.

[211] Schaufeli W B, Martínez I M, Pinto A M, et al. Burnout and engagement in university students a cross-national study [J]. Journal of Cross-cultural Psychology, 2002, 33(5): 464-481.

[212] Reardon S F. No Rich Child Left Behind [J]. New York Times, 2013: SR1.

[213] Simon et al. Erratum [J]. Clinical Infectious Diseases, 2005, 40(9): 1386-1388.

[214] Sirin S R. Socio-economic status and academic achievement: A meta-analytic review of research [J]. Review of Educational Research, 2005, 75: 417-453.

[215] Skinner E A, Belmont M J. Motivation in the classroom: Reciprocaleffect of teacher behavior and student engagement across the school year [J]. Journalof Educational Psychology, 1993, 85: 571-581.

[216] Skinner E A, Chi U, the Learning-Gardens Educational Assessment Group. Intrinsic motivation and engagement as "active ingredients" in garden-based education: Examining models and measures derived from self-determination theory [J]. The Journal of Environmental Education, 2012, 43(1): 16-36.

[217] Smith J R, Brooks-Gunn J, Klebanov P K. Consequences of living in poverty for young children's cognitive and verbal ability and early school achievement [J]. Consequences of growing up poor, 1997: 132-189.

[218] Snibbe A C, Markus H R. You can't always get what you want: Educational attainment, agency, and choice [J]. Journal of Personality and Social Psychology, 2005, 88: 703-720.

[219] Soenens B, Vansteenkiste M. Antecedents and outcomes of self-determination in 3 life domains: The role of parents' and teachers' autonomy support [J]. Journal of Youth and Adolescence, 2005, 34: 589-604.

[220] Spinath F M, Spinath B, Plomin R. The nature and nurture of intelligence and motivation in the origins of sex differences in elementary

school achievement [J]. European Journal of Personality, 2008, 22: 211-229.

[221] Steinmayr R, Dinger F C, Spinath B. Parents' education and children's achievement: The role of personality [J]. European Journal of Personality, 2010, 24: 535-550.

[222] Stellar J E, Manzo V M, Kraus M W, et al. Class and compassion: Socioeconomic factors predict responses to suffering [J]. Emotion, 2012, 12 (3): 449-459.

[223] Stephens N M, Fryberg S A, Markus H R. When Choice Does Not Equal Freedom A Sociocultural Analysis of Agency in Working-Class American Contexts [J]. Social Psychological and Personality Science, 2011, 2 (1): 33-41.

[224] Stephens N M, Markus H R, Townsend S S. Choice as an act of meaning: The case of social class [J]. Journal of personality and social psychology, 2007, 93 (5): 814-830.

[225] Taylor I M, Ntoumanis N, Smith B. The social context as a determinant of teacher motivational strategies in physical education [J]. Psychology of Sports & Exercise, 2009, 10 (2): 235-243.

[226] Tenenbaum H R, Leaper C. Parent-child conversations about science: The socialization of gender inequities? [J]. Developmental Psychology, 2003, 39: 34-47.

[227] Terenzini P T, Cabrera A F, Bernal E M. Swimming against the tide: The poor in American higher education [M]. College BoardResearch Report. New York: The College Board, 2001.

[228] Tucker-Drob E M, Rhemtulla M, Harden K P, et al. Emergence of a gene socioeconomic status interaction on infant mental ability between 10 months and 2 years [J]. Psychological science, 2011, 22 (1): 125-133.

[229] Vansteenkiste M, Neyrinck B, Niemiec P, et al. On the relations among work value orientations, psychological need satisfaction and job outcomes: A self-determination theory approach [J]. Journal of Occupational and Organizational Psychology, 2007, 80: 251-277.

[230] Vansteenkiste M, Simons J, Lens W, et al. Motivating Learning, Performance, and Persistence: The Synergistic Effects of Intrinsic Goal Contents and Autonomy-Supportive Contexts [J]. Journal of Personality and Social Psychology, 2004, 87(2): 246-260.

[231] Vansteenkiste M, Simons J, Lens W, et al. Motivating persistence, deep level learning and achievement: The synergistic role of intrinsic-goal content autonomy supportive context [J]. Journal of Personality and Social Psychology, 2007, 87: 246-260.

[232] Vansteenkiste M, Simons J, Soenens B, et al. How to become a persevering exerciser? Providing a clear, future intrinsic goal in an autonomy supportive way [J]. Journal of Sport and Exercise Psychology, 2004, 26: 232-249.

[233] Vansteenkiste M, Zhou M M, Lens W, et al. Experiences of autonomy and control among Chinese learners: Vitalizing or immobilizing? [J]. Journal of Educational Psychology, 2005, 97(3): 468-483.

[234] Wang, Ford. Financial inadequacy and the disadvantageous changes in time perspective and goal-striving strategies throughout life [J]. Journal of Organizational Behavior, 2020, 41(9): 895-914.

[235] Wang Z, Bergin C, Bergin D A. Measuring engagement in fourth to twelfth grade classrooms: The classroom engagement inventory [J]. School Psychology Quarterly, 2014, 29(4): 517-535.

[236] Wellborn J G, Connell J P. Manual for the Rochester Assessment Package for Schools [M]. Rochester, NY: University of Rochester, 1987.

[237] Weiner B. An attribution theory of motivation and emotion [M]. Series in Clinical & Community Psychology: Achievement, Stress, & Anxiety, 1982: 223-245.

[238] White K R. The relation between socio-economic status and academic achievement [J]. Psychological Bulletin, 1982, 91: 461-481.

[239] Whyte M K, Han C. Popular attitudes toward distributive injustice: Beijing and Warsaw compared [J]. Journal of Chinese Political Science, 2008, 13(1): 29-51.

[240] Williams G C, Deci E L. Internalization of bio-psychosocial values by medical students: A test of self-determination theory [J]. Journal of Personality and Social Psychology, 1996, 70: 767-779.

[241] Williams G C, Gagné M, Ryan R M, et al. Facilitating autonomous motivation for smoking cessation [J]. Health Psychology, 2002, 21: 40-50.

[242] Williams G C, Mcgregor H A, Sharp D, et al. Testing a self-determination theory intervention for motivating tobacco cessation: Supporting autonomy and competence in aclinical trial [J]. Health Psychology, 2006, 25: 91-101.

[243] Yoder K A, Dan R H. Family economic pressure and adolescent suicidal ideation: application of the family stress model [J]. Suicide and Life-Threatening Behavior, 2005, 35(3): 251-264.

[244] Yorke, Mantz. The quality of the student experience: what can institutions learn from data relating to non-completion? [J]. Quality in Higher Education, 2000, 6(1): 61-75.

[245] Zimbardo P G, Boyd J N. Putting Time in Perspective: A Valid, Reliable Individual-Differences Metric [J]. Journal of Personality & Social Psychology, 1999, 77(6): 1271-1288.

附　录

附录1　社会环境的主观感受的操纵工具

实验情境1：下面是一幅10级阶梯的图示，请您想象一下这个梯子代表了中国人所处的社会环境，数字越大，表示其所处的环境越优良。

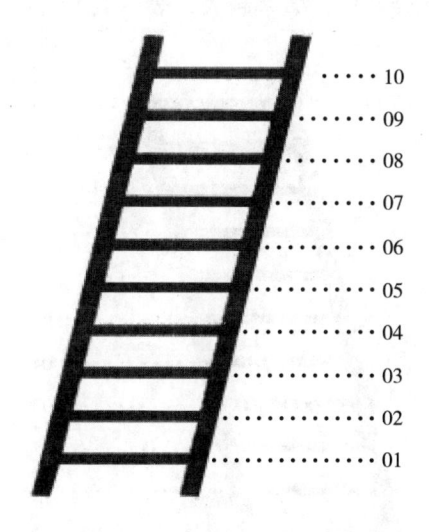

```
········ 10
········ 09
········ 08
········ 07
········ 06
········ 05
········ 04
········ 03
········ 02
········ 01
```

现在，请将您自己与位于这个梯子最顶端的人进行比较。这些人的生活境况是最优裕的，他们拥有最高的收入、最高的受教育程度、最体面的工作。请结合您自己家庭的收入、受教育程度和职业地位，思考一下您与这些人有怎样的差别。相对于这些最顶端的人，您会把自己放在梯子的哪一级？

您的答案是：────（请从 1 ~ 10 中选择一个数字）

然后，请您想象自己正在与位于梯子最顶端的一个人进行初次交谈。思考一下，你们之间的差别会如何影响你们谈话的主题，这种交谈可能进行得怎么样，你们可能会对对方说些什么。请围绕这些内容在下面的空白处写几句话。

_____

_____

_____

实验情境 2：下面是一幅 10 级阶梯的图示，请您想象一下这个梯子代表了中国人所处的社会环境，数字越大，表示其所处的环境越优良。

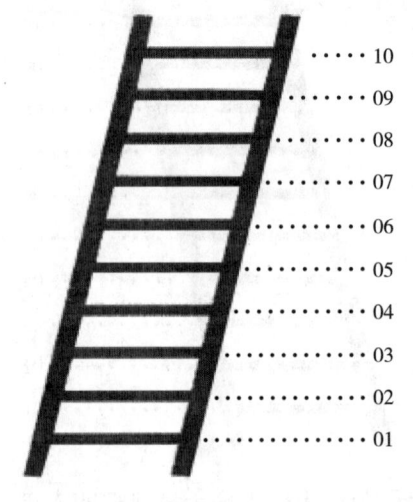

现在，请将您自己与位于这个梯子最底端的人进行比较。这些人的生活境况是最最糟糕的，他们拥有最低的收入、最低的受教育程度、最不体面的工作。请结合您自己家庭的收入、受教育程度和职业地位，思考一下您与这些人有怎样的差别。相对于这些最底端的人，您会把自己放在梯子的哪一级？

您的答案是：————（请从 1 ~ 10 中选择一个数字）

然后，请您想象自己正在与位于梯子最底端的一个人进行初次交谈。思考一下，你们之间的差别会如何影响你们谈话的主题，这种交谈可能进行得怎么样，你们可能会对对方说些什么。请围绕这些内容在下面的空白处写几句话。

_____

_____

_____

附录2　社会环境变量的主观测量量表

指导语：左边是一幅10级阶梯的图示，请您想象一下这个梯子代表了中国人所处的社会环境，数字越大，表示其所处的环境越优良。例如，01代表社会环境变量最差，这些人的生活境况是最糟糕的，他们的受教育程度最低、工作最不体面、收入最低；10代表社会环境变量最优，这些人的生活境况是最优裕的，他们的受教育程度最高、工作最体面、收入最高。现在，请结合您自己家庭的受教育程度、职业地位和收入，思考一下您觉得自己位于梯子的哪一级？

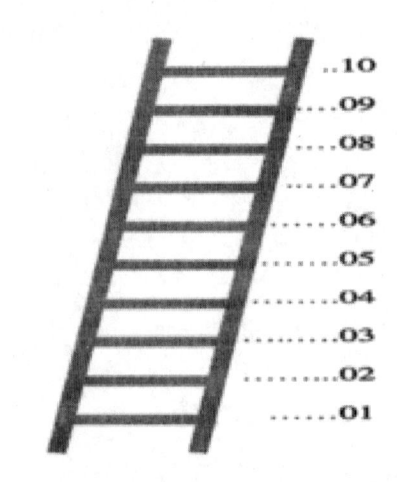

您的答案是：_____　（请从1～10中选择一个数字）

附录 3　社会环境变量的客观测量问卷

1.父亲从事的工作属于下面的哪一种（请在以下的10个选项中打"√"选择）：

①国家与社会管理者（指在党政、事业和机关单位中行使实际行政管理职权的乡科级及以上领导干部）；

②经理人员（企业中非业主身份的高中层管理人员及部分作为部门负责人的基层管理人员）；

③私营企业主（指有一定数量的私人资本或固定资产并进行投资以获取利润同时雇用他人劳动的人）；

④专业技术人员（指专门从事各种专业性工作的人，如医生、教师、工程师、会计师、律师、设计师等）；

⑤办事人员（如专职办公人员、普通公务员、各种企事业单位中的基层管理人员、非专业性文职人员）；

⑥个体工商户（如小业主或小雇主，自我雇用者以及小股东、小股民、房屋出租者等）；

⑦商业服务业员工（如厨师、司机、理发师、收银员、导购员、餐厅服务员、保安等）；

⑧产业工人（在工业和建筑业中从事体力、半体力的生产工人、建筑工人及相关人员）；

⑨农业劳动者（指承包集体所有的耕地，以农业为唯一或主要的职业，并以此为唯一或主要收入来源）；

⑩城乡无业、失业、半失业者（指无固定职业的劳动年龄人群，在校学生除外）。

2. 母亲从事的工作属于下面的哪一种（请在以下的10个选项中打"√"选择）：

①国家与社会管理者（指在党政、事业和机关单位中行使实际行政管理职权的乡科级及以上领导干部）；

②经理人员（企业中非业主身份的高中层管理人员及部分作为部门负责人的基层管理人员）；

③私营企业主（指有一定数量的私人资本或固定资产并进行投资以获取利润同时雇用他人劳动的人）；

④专业技术人员（指专门从事各种专业性工作的人，如医生、教师、工程师、会计师、律师、设计师等）；

⑤办事人员（如专职办公人员、普通公务员、各种企事业单位中的基层管理人员、非专业性文职人员）；

⑥个体工商户（如小业主或小雇主，自我雇用者以及小股东、小股民、房屋出租者等）；

⑦商业服务业员工（如厨师、司机、理发师、收银员、导购员、餐厅服务员、保安等）；

⑧产业工人（在工业和建筑业中从事体力、半体力的生产工人、建筑工人及相关人员）；

⑨农业劳动者（指承包集体所有的耕地，以农业为唯一或主要的职业，并以此为唯一或主要收入来源）；

⑩城乡无业、失业、半失业者（指无固定职业的劳动年龄人群，在校学生除外）。

3.父亲受教育水平：

①小学及以下；②初中；③高中/中专/技校；④大专；

⑤本科；⑥硕士研究生及以上。

4.母亲受教育水平：

①小学及以下；②初中；③高中/中专/技校；

④大专；⑤本科；⑥硕士研究生及以上。

5.家庭月收入：

①2 000元以下；②2 000～3 000元；③3 000～4 000元；

④4 000～5 000元；⑤5 000～6 000元；⑥6 000～7 000元；

⑦7 000～8 000元；⑧8 000～9 000元；⑨9 000～10 000元；

⑩10 000元以上。

附录4　学习氛围问卷

下面是一些关于个人在学习时的感受的描述，请你读完每一个句子后，根据这些句子描述与自己的实际情况相符的程度，在合适的选项下面打钩。答案没有对错之分，最重要的是如实反映自己的真实情况。请不要漏答，谢谢。

	完全不符	不太符合	有点符合	比较符合	完全符合
1. 我感觉我的班主任给我提供选择的机会	1	2	3	4	5
2. 我认为我的班主任理解我	1	2	3	4	5
3. 在课程上，我能够与任课老师坦诚地交流某些问题	1	2	3	4	5
4. 我的班主任给我信心，使我相信自己有能力学好某门功课	1	2	3	4	5
5. 我感觉我的班主任能够接纳我	1	2	3	4	5
6. 我的班主任明确地让我知道课程目标和我应该做的事情	1	2	3	4	5
7. 我的班主任鼓励我提问	1	2	3	4	5
8. 我很信任我的班主任	1	2	3	4	5
9. 我的班主任认真、耐心地回答我提出的问题	1	2	3	4	5
10. 我的班主任善于倾听我的想法	1	2	3	4	5
11. 我的班主任可以很好地控制他/她个人的情绪	1	2	3	4	5
12. 我感觉我的班主任关心我	1	2	3	4	5
13. 我不太喜欢我的班主任对我说话的方式	1	2	3	4	5
14. 我的班主任在给我提出新的建议之前，尝试理解我对某件事情的看法	1	2	3	4	5
15. 我感觉我可以与班主任分享自己的某些感受	1	2	3	4	5

附录 5 自我调节问卷

下面是一些关于你为什么学习的一些描述，请你读完每一个句子后，根据自己的实际情况相符程度，在合适的选项下面打钩。答案没有对错之分，最重要的是如实反映自己的真实情况。请不要漏答，谢谢。

	完全不符	不太符合	有点符合	比较符合	完全符合
一、我为什么做家庭作业？					
1. 因为我想让老师觉得我是一个好学生	1	2	3	4	5
2. 因为如果我不做的话我就会倒霉	1	2	3	4	5
3. 因为做家庭作业很有趣	1	2	3	4	5
4. 因为如果我不做的话我会觉得很惭愧	1	2	3	4	5
5. 因为我想弄懂这门学科	1	2	3	4	5
6. 因为那是老师要求我做的事	1	2	3	4	5
7. 因为我喜欢做家庭作业	1	2	3	4	5
8. 因为家庭作业对我来说很重要	1	2	3	4	5
二、我为什么做课堂作业？					
9. 为了不让老师对我发火	1	2	3	4	5
10. 为了让老师觉得我是一个好学生	1	2	3	4	5
11. 因为我想学会新知识	1	2	3	4	5
12. 因为如果做不完我会感到羞耻	1	2	3	4	5
13. 因为做课堂作业很有趣	1	2	3	4	5
14. 因为这是规定	1	2	3	4	5
15. 因为我喜欢做课堂作业	1	2	3	4	5
16. 因为做课堂作业对我来说很重要	1	2	3	4	5
三、为什么在课堂上我努力回答问题？					
17. 因为答对了难题其他学生会觉得我聪明	1	2	3	4	5
18. 因为如果我不尽力的话我会感到羞耻	1	2	3	4	5
19. 因为我喜欢回答难题	1	2	3	4	5
20. 因为别人期望我那样做	1	2	3	4	5

续表

	完全不符	不太符合	有点符合	比较符合	完全符合
21. 为了弄明白我是对的还是错的	1	2	3	4	5
22. 因为回答难题很有趣	1	2	3	4	5
23. 因为在课堂上努力回答问题对我来说很重要	1	2	3	4	5
24. 因为回答对了难题老师就会表扬我	1	2	3	4	5
四、在学校里我为什么要努力学好功课?					
25. 因为别人期望我那样做	1	2	3	4	5
26. 为了让老师觉得我是一个好学生	1	2	3	4	5
27. 因为得不到好成绩我就会倒霉	1	2	3	4	5
28. 因为如果得不到好成绩我确实会感到很惭愧	1	2	3	4	5
29. 因为在学校里努力学好各门功课对我来说很重要	1	2	3	4	5
30. 因为如果取得了好成绩我会从内心感到自豪	1	2	3	4	5

附录 6　英文版课堂投入调查表

Think about this class that you are in right now. Choose the response that best fits your opinions in this class. Some questions are seem the same, but they are asked in a little different way to make sure we really understand your opinions.

1.What is your student ID?

2.What class are you in right now as you complete this survey? (choose only one)

Math, language arts (English), science, social studies (history), arts or music, other (specify).

3.What grade are you in?

4.How often do you do the followings? In this class.

I get really involved in class activities.
I feel happy.
If I make a mistake, I try to figure out where I went wrong.

I go back over things I don't understand.

I am "zoned out", not really thinking or doing the class work.

I feel excited.

I actively participate in class discussions.

I form new questions in my mind as I join in class activities.

I feel proud.

I let my mind wander.

I feel amused (smile, laugh, have fun).

If I am not sure about things, I check my book or use other materials like charts.

I judge the quality of my ideas or working during class activities.

I try to figure out the hard parts on my own.

I feel interested.

I compare things I am learning with things I already knew.

I work with other students and we learn from each other.

I think deeply when I take quizzes in this class (to "think deeply" means you are thinking really hard or putting energy into thinking. Your brain is working hard. You are analyzing and evaluating information or making judgements).

I ask myself some questions as I go along to make sure the work makes sense to me.

I just pretend to like I am working.

I search for information from different places and think about how to put it together.

Please double-check that you responded to all questions. Thank you!

文献来源：Wang Z, Bergin C, Bergin D A. Measuring engagement in fourth to twelfth grade classrooms: The classroom engagement inventory [J]. School Psychology Quarterly, 2014, 29 (4): 517-535.

附录7 中文修订版课堂投入调查表

下面是一些关于你的班主任任教课程的描述,请你读完每一个句子后,根据自己的实际情况相符程度,在合适的选项下面打钩。答案没有对错之分,最重要的是如实反映自己的真实情况。请不要漏答,谢谢。

班主任任教课程:①数学 ②语文 ③英语 ④科学 ⑤历史 ⑥音乐 ⑦美术 ⑧其他

	完全不符	不太符合	有点符合	比较符合	完全符合
1. 感到真正融入课堂活动中	1	2	3	4	5
2. 感到开心	1	2	3	4	5
3. 如果我犯了错误,我试图找到哪里出了错	1	2	3	4	5
4. 对于不懂的内容,我反复看书找答案	1	2	3	4	5
5. 开小差,没有真正思考和做作业	1	2	3	4	5
6. 感到兴奋	1	2	3	4	5
7. 积极参与课堂讨论	1	2	3	4	5
8. 在课堂活动中,能在头脑里提出新的问题	1	2	3	4	5
9. 感到骄傲	1	2	3	4	5
10. 任由自己思想开小差	1	2	3	4	5
11. 我感到愉悦(微笑、大笑、觉得有趣)	1	2	3	4	5
12. 对我不确定的内容,我在书本(或其他材料)里找答案	1	2	3	4	5
13. 在课堂活动中,我会评价自己的观点或作业的好坏	1	2	3	4	5
14. 我试图靠自己解决最困难的问题	1	2	3	4	5
15. 感到有趣	1	2	3	4	5

续表

	完全不符	不太符合	有点符合	比较符合	完全符合
16.将正在学习的知识与已学知识进行比较	1	2	3	4	5
17.与其他同学合作，相互学习	1	2	3	4	5
18.在课程小测验中我深入思考（深入思考是指需要花些力气思考，大脑需要很努力工作：分析、评估信息并做出判断）	1	2	3	4	5
19.我问自己很多问题，以确保自己认同这些功课对我有意义	1	2	3	4	5
20.只是假装我正在学习	1	2	3	4	5
21.我从不同渠道搜集信息，并思考如何把它们融合在一起	1	2	3	4	5

附录8 教师自主支持情境启动材料

实验情境1：

请阅读下面这段材：

李老师从事教学工作多年。在教学过程中，李老师经常使用指示和命令（如必须、一定）的语气。李老师很少倾听和接纳学生的感受和观点。经常在没给学生时间让学生表达自己的观点之前，就告诉学生获得正确答案的方法。李老师经常批评和指责犯错误的学生，并施加外部压力或威胁来促进学生学习，设置完成作业的期限。不允许学生表达出对学习的不满情绪。

实验情境2：

请阅读下面这段材料：

李老师从事教学工作多年。在教学过程中，李老师经常使用商量（如能不能、可以吗）的语气。李老师认同学生的需要、兴趣和偏好，花时间倾听和接纳学生的感受和观点，向学生解释学习任务或规章制度。给学生提供选择的机会，无论是作业的内容还是完成的方式。让学生讨论解决问题的方法和策略，给学生充足的时间让他们自己决策。允许学生在学习中犯错误，给予学生重新评价错误的机会。允许学生表达对学习的不满情绪。

　　想象一下，假如李老师是你的班主任老师，请结合自身的家庭状况，回答下面关于你为什么学习的一些问题。答案没有对错之分，最重要的是想象在这种情境下，你的感受如何。请在合适的选项下面打钩。
　　下面接附录 5 自我调节问卷。

附录9　多维-多向归因量表

	不同意（1）	基本不同意（2）	有时同意（3）	基本同意（4）	同意（5）
1. 我的考试成绩不好，通常我认为其中主要的原因是我对这门课没有努力用功	1	2	3	4	5
2. 如果我在某门课得了低分，那会使我怀疑自己的学习能力	1	2	3	4	5
3. 有时，我之所以能取得好成绩，是因为老师打分太松	1	2	3	4	5
4. 要想考得好，有时我得靠一点运气	1	2	3	4	5
5. 对我来说，我成绩好，都是我努力的结果	1	2	3	4	5
6. 取得好成绩最重要的原因是我的学习能力强	1	2	3	4	5
7. 根据我的经验，一旦哪位老师认定你是差的学生，那么你的作业很容易得到比别人低的分数	1	2	3	4	5
8. 有时我考的低分部分是由于我的运气不好	1	2	3	4	5
9. 如果我在学校没有取得我期望的好成绩，那通常是因为我不够努力	1	2	3	4	5
10. 如果我没学好一门课，那可能是因为我缺乏学好那门课所需的技巧	1	2	3	4	5
11. 有一些课我之所以能取得好成绩，说明这些课比别的课更容易	1	2	3	4	5
12. 我觉得有些我考的好分数，相当程度上是偶然因素所导致，如刚好我看过的考题都考出来了	1	2	3	4	5

续表

	不同意（1）	基本不同意（2）	有时同意（3）	基本同意（4）	同意（5）
13. 当我取得了好成绩，那都是因为我用功学习了那门课	1	2	3	4	5
14. 我认为我考试得高分直接反映了我的学习能力	1	2	3	4	5
15. 那些讲课十分枯燥的老师教的科目中，我常常得到差分数	1	2	3	4	5
16. 我的考试分数低有时会使我认为自己仅仅是不走运	1	2	3	4	5
17. 成绩不好等于是告诉我说我没有尽我的全力	1	2	3	4	5
18. 如果我考试成绩低，我会认为自己缺乏学好那些课程的能力	1	2	3	4	5
19. 有时，我能取得好成绩，不过是因为这门课程内容学起来容易	1	2	3	4	5
20. 有时我觉得不得不为自己所取得的好成绩而感到庆幸	1	2	3	4	5
21. 只要下足功夫，在争取好成绩的道路上就没有我克服不了的困难	1	2	3	4	5
22. 如果我取得好成绩，那全靠我的学习能力强	1	2	3	4	5
23. 在我看来，我在有些科目上成绩差，只说明了那些教师打分实在太严格了	1	2	3	4	5
24. 我得到的有些低分可能是由于运气不好，例如：恰好我没有弄懂的问题正好考到了	1	2	3	4	5

附录10 自我效能感量表

	极不符合（1）	不符合（2）	不确定（3）	符合（4）	极为符合（5）
1. 我相信自己有能力在学业上取得好成绩	1	2	3	4	5
2. 我认为自己有能力解决学习中遇到的问题	1	2	3	4	5
3. 和班上其他同学相比，我的能力是比较强的	1	2	3	4	5
4. 我认为我能够在课堂上及时掌握老师所讲授的内容	1	2	3	4	5
5. 我认为我能够学以致用	1	2	3	4	5
6. 和班上其他同学相比，我对所学的学科了解更广泛些	1	2	3	4	5
7. 我喜欢选择富有挑战性的学习任务	1	2	3	4	5
8. 我认为自己能够很好地理解书本上的知识及老师所讲授的内容	1	2	3	4	5
9. 即使我在某次考试中的成绩很不理想，我也能平静地分析自己在考试中所犯的错误	1	2	3	4	5
10. 不管我的学习成绩好与坏，我都从不怀疑自己的学习能力	1	2	3	4	5
11. 学习时我总喜欢通过自问自答的方式来检验自己是否已掌握了所学的内容	1	2	3	4	5
12. 当我思考某一问题时，我能够将前后所学的知识联系起来思考	1	2	3	4	5
13. 我经常发现自己虽然在阅读书本却不知道它讲的是什么意思	1	2	3	4	5
14. 阅读书本时我能够将所阅读的内容与自己已掌握的知识联系起来进行思考	1	2	3	4	5
15. 我发现自己上课时总是开小差以致不能认真听讲	1	2	3	4	5

续表

	极不符合（1）	不符合（2）	不确定（3）	符合（4）	极为符合（5）
16. 我常常不能准确归纳出所阅读内容的主要意思	1	2	3	4	5
17. 我总是在书本或笔记本上划出重点部分以帮助学习	1	2	3	4	5
18. 当我为考试而复习时，我能够将前后所学知识融会贯通起来进行复习	1	2	3	4	5
19. 课堂上做笔记时我总试图记下老师的每一句话，而不管它是否有意义	1	2	3	4	5
20. 做作业时我总力求回忆起老师在课堂上所讲的内容以便把作业做好	1	2	3	4	5
21. 即使老师没有要求，我也会自觉地做书本上每一章节后面的习题来检验自己对知识的掌握情况	1	2	3	4	5
22. 我经常选择那些虽然难却能够从中学到知识的学习任务，哪怕需要付出更多的努力	1	2	3	4	5

附录11 学习动机量表

	非常不同意	不同意	不确定	同意	非常同意
1. 我非常喜欢学习	1	2	3	4	5
2. 要不为了考试能通过，我不愿去学习	1	2	3	4	5
3. 我认为老师不应该要求学生去学习教学大纲以外的东西，即使他们是十分有用的	1	2	3	4	5
4. 我讨厌学习	1	2	3	4	5
5. 我学习是为了将来能顺利毕业，考个好学校	1	2	3	4	5
6. 我是为了获得新知识而努力学习的	1	2	3	4	5
7. 我觉得学习本身就是一件很有趣的事情	1	2	3	4	5
8. 我认为学习的目的是得到表扬	1	2	3	4	5
9. 我努力学习是为了得到表扬和鼓励	1	2	3	4	5
10. 为了获得好名次，即使是自己不喜欢的课程，我也会学习	1	2	3	4	5
11. 在学习上我努力刻苦是为了比其他同学都学得好	1	2	3	4	5
12. 我总想学习新知识	1	2	3	4	5
13. 一提到学习我就头疼	1	2	3	4	5

附录 12 父母期望量表

	完全没有期望（1）	比较没有期望（2）	有点没期望（3）	有点期望（4）	比较期望（5）	完全期望（6）
1.父母希望我的学习成绩能让他们感到骄傲	1	2	3	4	5	6
2.父母希望我能取得优异的学习成绩	1	2	3	4	5	6
3.父母希望我能努力学习，将来找到一份好的工作	1	2	3	4	5	6
4.父母希望我在学业上的表现比其他人好	1	2	3	4	5	6
5.父母希望我能光宗耀祖	1	2	3	4	5	6
6.父母希望我能去上他们中意的大学	1	2	3	4	5	6
7.父母希望我能从事他们理想的职业（如医生、老师等）	1	2	3	4	5	6
8.父母希望我能为家庭分担经济负担	1	2	3	4	5	6
9.父母希望我能学习他们理想的专业	1	2	3	4	5	6

附录13 未来时间洞察力量表

	极不符合（1）	不符合（2）	不确定（3）	符合（4）	极为符合（5）
1. 我对自己的未来感到悲哀	1	2	3	4	5
2. 我觉得未来有许多事要做	1	2	3	4	5
3. 我认为未来每一天的生活应该在早晨就计划好	1	2	3	4	5
4. 我在未来能按时完成上级要我做的事情	1	2	3	4	5
5. 我不知道为未来做些什么	1	2	3	4	5
6. 未来的景象常常让我乐滋滋的	1	2	3	4	5
7. 我的未来是不确定的	1	2	3	4	5
8. 对要做的事我总能按部就班地、准时按计划完成	1	2	3	4	5
9. 我相信我的未来有许多机遇	1	2	3	4	5
10. 我对自己的未来感到恐惧	1	2	3	4	5
11. 我相信自己通过努力能主宰自己的未来	1	2	3	4	5
12. 我总是每天得过且过，不做计划	1	2	3	4	5
13. 只要有助于自己的发展，我能坚持克服困难、完成任务	1	2	3	4	5
14. 对要做的事，我会列个清单	1	2	3	4	5
15. 我觉得自己的未来是毫无希望的	1	2	3	4	5
16. 在完成未来的某项任务时，我会设定具体目标及步骤	1	2	3	4	5
17. 一想起未来我就感到高兴	1	2	3	4	5
18. 我觉得自己的未来是没有前途的	1	2	3	4	5
19. 我对自己的未来感到生气	1	2	3	4	5
20. 我觉得自己的未来是模糊的	1	2	3	4	5

续表

	极不符合（1）	不符合（2）	不确定（3）	符合（4）	极为符合（5）
21. 我想起未来就感到危机太多	1	2	3	4	5
22. 做决定之前，我会权衡利弊	1	2	3	4	5
23. 我觉得无法掌握自己的未来	1	2	3	4	5
24. 我对自己的未来感到恼怒	1	2	3	4	5
25. 想象未来我感到快乐	1	2	3	4	5
26. 在晚上玩耍之前，我会做完明天要截止的工作	1	2	3	4	5
27. 我觉得未来生活很有意义	1	2	3	4	5
28. 未来的美好生活常常浮现在我的脑海里	1	2	3	4	5

附录 14　公正世界信念量表

	非常不赞同	比较赞同	有点不赞同	有点赞同	比较赞同	非常赞同
1. 就我目前的处境来说，命运对我来说是公正的	1	2	3	4	5	6
2. 人们终将得到他们应得的结果，无论结果好坏	1	2	3	4	5	6
3. 人们在做重要决定时都会力图做到公平	1	2	3	4	5	6
4. 未来那些不公正的事情不会发生在我身上	1	2	3	4	5	6
5. 总体来说，大多数人遇到的事情是公正的	1	2	3	4	5	6
6. 通常我得到了公正的对待	1	2	3	4	5	6
7. 我有时也发愁	1	2	3	4	5	6
8. 与大多数人有关的规章制度基本上都是公正合理的	1	2	3	4	5	6
9. 现在我付出的一切，未来都会得到回报	1	2	3	4	5	6
10. 通常我得到了我应该得到的东西	1	2	3	4	5	6
11. 正义终将战胜邪恶	1	2	3	4	5	6
12. 我从不迟到	1	2	3	4	5	6
13. 未来，我将会得到应得的一切	1	2	3	4	5	6
14. 通常发生在我身上的事情都是合情合理的	1	2	3	4	5	6
15. 那些做了坏事的人，将来一定会受到惩罚	1	2	3	4	5	6
16. 生活中方方面面（如工作、家庭、政治等）的不公正，都只是个别现象，而不是常规	1	2	3	4	5	6
17. 总的来说，大多数人得到的都是他们应该得到的	1	2	3	4	5	6